鲨鱼经济学2

SHARKONOMICS 2

[瑞典] 斯蒂芬·安吉瑟斯 著
夏炜 译

中国经济出版社
CHINA ECONOMIC PUBLISHING HOUSE
·北 京·

图书在版编目（CIP）数据

鲨鱼经济学.2，如何在当今这个颠覆性的数字时代，保护自己的企业，向他人发起进攻/（瑞典）斯蒂芬·安吉瑟斯著；夏炜译.--北京：中国经济出版社，2020.9

书名原文：Sharkonomics 2：How to attack and defend your business in today's disruptive digital waters

ISBN 978-7-5136-6146-1

Ⅰ.①鲨… Ⅱ.①斯…②夏… Ⅲ.①企业管理 Ⅳ.①F272

中国版本图书馆 CIP 数据核字（2020）第 068886 号

著作权合同登记号：01-2020-1569

责任编辑 伏建全 孙喆浩
责任印制 马小宾
封面设计 任燕飞设计工作室

出版发行 中国经济出版社
印 刷 者 北京力信诚印刷有限公司
经 销 者 各地新华书店
开　　本 880mm×1230mm 1/32
印　　张 5.25
字　　数 109千字
版　　次 2020年9月第1版
印　　次 2020年9月第1次
定　　价 48.00元
广告经营许可证 京西工商广字第8179号

中国经济出版社 **网址** www.economyph.com **社址** 北京市东城区安定门外大街58号 **邮编** 100011
本版图书如存在印装质量问题，请与本社销售中心联系调换（联系电话：010-57512564）

谨以此书献给大白鲨

序

初见斯蒂芬·安吉瑟斯是在南非，当时我们搭乘同一艘船出海进行鲨鱼研究。安吉瑟斯问我，为什么大自然要将大白鲨设计得如此美丽？我只是回答说，大自然的目的应该不只是创造出一种美丽的生物，最主要的是赋予它攻击猎物和自我保护的能力。

攻击海豹的时候，大白鲨可不是在耗时间混日子。在它们所处的猎食环境中，猎物几乎与它们一样狡猾、敏捷。猎杀失败就意味着鲨鱼将日渐衰弱，捕食之争也将日趋激烈。可以说，较之商界，大自然中的竞争更为残酷激烈。鲨鱼已在这场生存之战中寻找到了具备创新性与战略性的生存方式，从而跃居食物链顶端。4.2亿年的进化造就了这些猎食技巧与策略。鲨鱼在这段漫长的岁月中逐渐了解了成为高效、成功的掠食者所需具备的条件。

鲨鱼与自然都是我的最爱。但是我同样也热衷于营销与商业活动。我赞同安吉瑟斯的观点，即就战略发展方式而言，鲨鱼和企业之间存在着密切的联系。《鲨鱼经济学2》揭示了企业应如何通过向自然界的顶级掠食者学习来改善和增强企业的生存能力。总体而言，只要身处自然之中，你就能受益匪浅，也能意识到野外生存是多么不易。企业必然可以从《鲨鱼经济学2》以及大自然中学到一些有价值的东西。

克里斯·法洛斯（Chris Fallows）

于南非

克里斯·法洛斯是全球顶尖的大白鲨行为研究专家之一。他的作品经常出现在探索频道、BBC、《国家地理》以及“动物星球”栏目中，并著有《大白鲨：鲨鱼王者》（*Great White: The Majesty of Sharks*）一书。欲了解更多信息，请访问www. apexpredators. com。

前言

1975年《大白鲨》上映的时候，我还是个孩子。看完电影之后，我和所有人一样被吓坏了。那时，因为恐惧，我们都深信鲨鱼是一种危险的吃人猛兽。我和几个朋友曾恶搞过一次幼稚的恶作剧。我们制作了一个逼真的大白鲨背鳍。我绑着背鳍，来到一片拥挤的海滩，悄悄潜入水中。人们果然受到了惊吓。他们惊声尖叫，争先恐后地逃向海滩。但是没过多久，他们就回过神来，开始追着我们算账。

当时我并没有多想，只是在那一刻，我感受到了像鲨鱼那样思考与行动的快乐。过去几年中，我又找回了这种感觉。如鲨鱼一般思考帮助我改善了业务，找到了攻击市场领导者的方式。

《大白鲨》的导演史蒂文·斯皮尔伯格（Steven Spielberg）因此声名鹊起。然而，该片的鲨鱼顾问伦纳德·孔波诺

（Leonard Compagno）博士的知名度却不高，尽管他已经发表了近千篇有关鲨鱼的论文并出版了几部专著。找到这位大名鼎鼎的鲨鱼专家的踪迹可比邀请史蒂文·斯皮尔伯格共度假期要难得多。然而，要想创作一部以鲨鱼为主角的电影或书籍绝对不像度假那般轻松惬意——这段旅程离不开诸如克里斯·法洛斯（Chris Fallows）与迈克尔·鲁曾（Michael Rutzen）等专家提供的知识。此外，我也从佛罗里达大学“佛罗里达鲨鱼研究项目”主任乔治·伯吉斯（George Burgess）为我所列的参考书目中汲取了灵感。

尽管我一直在“潜近”这些生物学家和鲨鱼专家，但是与他们相比，我掌握的知识实在难以望其项背。但是毫无疑问，现在我对鲨鱼的迷恋与尊敬比20世纪70年代那个借鲨鱼来玩闹的孩子要强烈得多。

如何攻击市场领导者

多年来，许多市场领导者找到我，请我攻击他们的企业，以便能够领先于其潜在的竞争对手。每当我问及这些首席执行官，他们对于攻击方式是否有所限制时，他们的回答总是“没有”！因为他们信心满满，自觉已经完全准备好迎接我的攻击。可是一旦我在工作坊上发起攻击，通常不出五分钟，他们就已经开始惊慌失措，起身喊“停”，然后声称我不应该从这个角度发起攻击。鲨鱼会在尽量避免受伤的情况下发动攻击；如果伤到自己，它们就会沦为其他鲨鱼的腹中之餐。

鲨鱼会猎食同类，尤其是在周围食物匮乏的时候。与鲨鱼一样，我往往会从我称为“盲区”的地方发动攻击：简单易行，滋味鲜美。这种鲨鱼式的市场调研既迅速又简单。鲨鱼会先咬一口猎物，如果觉得味道鲜美，就继续猎杀。待到那时，这些市场领导者们早已来不及寻求保护了。可多数市场领导者都不愿面对竞争。他们宁可利用手中的资源，协助身处华盛顿和布鲁塞尔的说客来影响或推动相关法律的出台，试图将大白鲨变成食草动物，阻止这台邪恶的杀人机器掀翻“一切照旧”号企业航船。

《大白鲨》上映以来，数以百万计的人突然不敢再下海游泳了。[1] 于是，游泳馆的营业额开始空前增长。史蒂芬·列维特（Steven Levitt）和史蒂芬·都伯纳（Stephen Dubner）就在《魔鬼经济学》（*Freakonomics*）中探讨了这种信息关联性。我不打算改变人们的游泳习惯，而是希望将鲨鱼的本性与商业联系起来，也就是我提到的“鲨鱼经济学”。

不仅只是攻击而已

根据我对鲨鱼所做的研究，我发现大约90%的信息与人类对鲨鱼及其攻击能力的恐惧有关。然而，就连鲨鱼也能认清自己的弱点，因此始终不曾在防御上掉以轻心。无论你是市场领导者，还是打算猎食这些领导者的掠夺者，都应该重

---

① Xavier Maniguet. *The Jaws of Death*（Skyhorse Publishing, 2007）.

视防御问题。

因此，我认为完全有理由在书中单辟一章来探讨企业的防御问题。同时我也必须声明，尽管鲨鱼经济学的灵感源于自然，但我的本意并非是以何种形式散布恐慌，除非是在董事会的会议室里！

斯蒂芬·安吉瑟斯

作家、纽约大学布拉格分校客座教授、演说家、顾问、鲨鱼潜爱好者、DetectiveMarketing. com™首席执行官

引 言

你听说过哪位商业书作家曾与鲨鱼共舞吗?

我曾借研究之名挑战自我，纵身跃入鲨群出没的海域，即便这片水域已被染红，令人心中恐惧不已。为了能够开展深入的研究，我在撰写本书的过程中考取了水肺潜水证——鲨鱼可不会乖乖地坐在会议室中等我。若想与大自然进行交流，我就不得不“通过游动与之交谈”。需要指出的是，出版商没有要求也不建议我与鲨鱼，尤其是大白鲨共舞。他们是发自内心地为我的安危担忧，不过这也可能是因为我已经拿到了预付版税。我们可以从鲨鱼这种神奇生物的身上学到很多东西。我只希望它们不会特别偏爱商业作家的味道。我的目的是向这些高度进化的生物学习，它们在生态系统中扮演着重要的角色。由于鲨鱼常常通过潜近的方式进行学习，我也打算向潜水员和鲨鱼专家求教。

为什么要叫“鲨鱼经济学”?

1975年《大白鲨》上映之后，大白鲨渐渐声名鹊起；但影片的故事原型[①]却可以追溯到1916年。大白鲨的学名是Carcharodoncarchariay，不过最早为其命名的人是瑞典博物学家卡尔·林奈（Carl Linnaeus，1707—1778），他将其称作Squaluscarcharias。由于我们同为瑞典人，我便想到可以在商界创造“鲨鱼经济学”这个术语。

人类的进化并不如我们想象中的那样伟大。进化科学家指出，我们的进化过程极其缓慢（我还要补充一点，人类的历史远不如鲨鱼久远）。其中的一位进化科学家史蒂芬·平克（Steven Pinker）表示，如果想要加速人类的进化过程，就需要将高科技产品植入我们体内或是与其他物种交配。我曾试着在讲座中提过他的想法，多数人都相信科技可以推动进化，但却鲜有人接受与其他物种交配这种解决办法。

> 我们能从自然中学到的东西远远多于自然需要向我们学习的东西。

大自然远比斯坦福大学、哈佛大学、麻省理工学院、麦肯锡、波士顿咨询集团、贝恩、IBM、苹果公司以及其他财富500强之类的公司睿智得多。在自然界，鲨鱼只有不停游动才

---

① Michael Capuzzo. Close to Shore：The terrifying shark attacks of 1916（Broadway，2002）.

能生存。但在商界，多数市场领导者都不愿这样做。因为他们一直被过去束缚，止步不前——最终沦为鲨鱼的食物。鲨鱼才不会一天到晚埋头制作幻灯片；他们会直接啃咬市场份额。“鲨鱼经济学”将揭示为何同样在遭遇鲨鱼之后，市场领导者被啃食的部分甚至比海豹还要多。

本书的灵感源自鲨鱼，大自然创造的这种生物在地球上的存活时间已经超过了4.2亿年，完成了无数次战略行动。本书将帮助你做好跃入水中、攻击市场的准备。

经济竞争愈演愈烈，而资源的减少则会进一步加剧这种竞争。经济学家约瑟夫·熊彼特（Joseph Schumpeter，1883—1950）提出了“创造性破坏”（creative destruction）这一术语，以此说明为什么公司需要不断创新才能生存。在我看来，熊彼特是在用经济学术语表达“弱肉强食”的概念。“鲨鱼经济学”则进一步强化了这一概念：“读完这本书，狠狠撕咬一口。”

> “除非我们能够正视这样一个事实，即重要经济事件的起因大多源自内心，否则我们永远也无法真正理解这些事件。”
>
> ——乔治·阿克洛夫（George Akerlof）和罗伯特·席勒（Robert Shiller）《动物本能》（*Animal Spirits*）

IBM 等大公司正在与鲨鱼共游

IBM 已经开始在他们的财报和出版物中使用鲨语了："你能发现竞争对手正在悄悄逼近吗？在被他们咬下一大块肉之前，你根本找不到他们的踪迹。"市场巨头们意识到，在极具破坏性的市场中，只有采取新的举措，机构才有生存与抗争的机会。埃森哲也在使用经典的鲨语表述："通过'暴力'获取的某种成功往往会改变现状……让新企业可以进入市场，抢占市场份额……"换句话说，市场正在飞速变化，根本不允许你闲庭信步。如今，警铃已经大作：数字鲨鱼正在全球水域中游走，撕咬一切行动缓慢的东西。正如埃森哲①所指出的那样，"突然出现的大批'鲨鱼鳍'成功控制了市场这片水域"。他们在文章末尾写道："也许时间可以证明，只有数字掠食者——商界中的鲨鱼——才能在复杂易变且发展快速的数字产业中获胜。"贪图安逸是导致多数大公司容易被攻击的原因。

数字化加速了竞争，推动了对更高水平战略的需求，这在现代经济时代是前所未有的。

竞争与战略水平直接相关。在最底层，我们有商业策略（竞争有限）；上一层是运动策略（获胜的目标更加明显）；最高层是军事战略（获胜是唯一的规则）。位于所有策略之上的是

---

① Accenture. com Article：Why digital disruption resembles ashark fin more than a bell curve（October，2015）. http：//www. detectivemarketing. com/mighty - accenture - turns - to - sharks - forsuccess/.

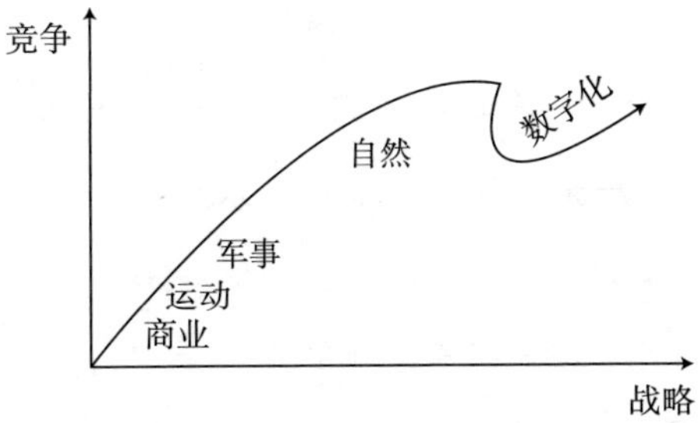

自然策略（人人都是食物——在食人族的面前，就连规则也能下菜）。现今，多数市场领导者之所以能够占据行业领先地位，只不过是因为业内的竞争状态糟透了！这正是它们吸引数字鲨鱼撕咬的原因。

咬一口苹果

苹果公司推出的 iPhone 震惊了整个手机市场。它从诺基亚、三星和索尼爱立信等市场领导者身上咬下一大块市场份额，敲响了经典的 记警钟。尽管后者挺过了这场攻击，但却损失了数十亿美元。当苹果公司带着 iPad 进军新领域的时候，它的财报显示这款产品的销售额高达数百万美元。即使按照史蒂夫·乔布斯的标准，这个成绩也可谓不俗了。但是将苹果公司的成功公之于众无异于往海洋里倾倒血液，许多饥肠辘辘的竞争对手寻味而来。很快，谷歌等公司就推出了自己的“iPad 杀手”予以反击。竞争对手就犹如鲨鱼；他们对商机拥有卓越的判断力，很快就能打入新市场。现在的问题就是：在这些鲨鱼（竞争对手）赶超苹果公司的优势之前，史蒂夫·乔布斯的继任者能游多快？像苹果公司这样的品牌完全有实力在各个商业领域先试着咬上一口，尝尝味道如何：iPod 滋味不错，iPhone 更胜一筹，iPad 则是一道不错的甜点。音乐产业早该在遭到攻击的前几年就看到苹果公司在围着自己打转。那么，这条“iShark”下次又会在何处发动怎样的攻击呢？下一次，苹果公司会攻击什么？有了 iPad，它就可以继续攻击出版业（书籍、报纸等）。可是，即便强如鲨鱼，也有可能遭到攻击。难道现在不是应该有人出来攻击强大的苹果公司了吗？世人多钦佩苹果公司，因为它在许多方面都表现出色，但一个简单的事实就是，它之所以如此出色，仅仅是因为该行业的竞争糟透了。《鲨鱼经济学》将揭示如何利用苹果等企业尚不自知的巨大盲区及其防御策略中的漏洞对其展开攻击。

你敢不读《鲨鱼经济学》吗？

通常，你根本察觉不到自己已被鲨鱼盯上，待看清之时，早已无处可逃。因此，绝对不能让对手发动攻击，占尽先机。

每一次攻击都会降低市场领导者的生存概率。本书不仅要向你展示应该如何进攻，也会教你如何保护自己免受对手的攻击。你将学会如何利用员工对攻击的恐惧心理，让他们更快地游到新的水域，从而激发变革。

市场领导者往往认为自己的实力和规模可以形成强大的防御力，足以抵挡竞争对手的攻击。但这其实只是一种虚假的安全感。实力不过是弱点的另一种表现形式。实力会使盲区越变越大。鲨鱼在攻击既庞大又强壮的猎物时，会只咬上一口，任其血流不止，直至力量流失殆尽。随后，鲨鱼才会再度靠近猎物，发起最后一击，而这一击往往极其精准（正中对手的核心业务）。

在自然界中，保持掠食者和猎物之间的平衡十分重要。如果无法根据掠食者的防御系统调整自身的防御系统，猎物就有可能面临失去市场领导者地位的风险。如果掠食者无法适应新的防御系统，就会失去市场份额这份美味大餐。这就是“掠食者和猎物之间的军备竞赛”。本书介绍的攻击和防御之道将促使商业本质实现一些重大进化。

游动还是等死，阅读还是等死？

不可不学的仿生学知识

大自然是世界上最大的知识库。它的历史比人类更为悠久，而且在人类灭绝之后仍将长久存在。除非我们为适应自然不断做出调整，否则就会很快湮没在自然的历史长河之中。为了解决已知的问题，仿生学①开始向大自然寻求灵感。

在性别平等这类问题上，鲨鱼早就将人类甩在了身后。最强壮、最具攻击性的大白鲨是母鲨。在某些情况下，如果公鲨没有对母鲨表示出应有的尊重，母鲨就会直接撕咬它们的背鳍。

---

① Robert Frenay. Pulse: The coming age of systems and machines inspired by living things (Bison Books, 2008).

商界可以从仿生学中学到很多经验,[①] 虽然我觉得仿生学的很多书籍极难消化（但是从另一个方面来说，鲨鱼就因几乎能够消化任何东西而闻名）。

只有敢于直面死亡，企业才有可能生存下来；市场中的所有人都处于鲨鱼的猎食区内。无论你从事的是什么行业，都会因为拒绝面对这一现实而付出高昂的代价。

咬住企业文化

圈养的大白鲨活不长久。大企业中那些才华横溢的企业家也是如此。虽然也不乏例外，但是大多数时候，这只不过是招聘广告中用来吸引人才的流行语罢了。我猜你肯定不会看到这样的招聘广告：

> “大白鲨犹如致命的喷气式战斗机，它优雅而有力，性感又可怖。”
>
> ——理查德·埃利斯（Richard Ellis），《大白鲨》

才华横溢的企业家如果无法像天性狂野的大白鲨，就无法在当今市场领导者的企业文化中生存。若想管理这些未经打磨的人才，市场领导者需要更新企业的DNA，这样才能与企业周边的环境融为一体。

---

① Michael Rothschild. Bionomics（Futura Publications，1992）.

“行动胜过言语。”

——彼得·德鲁克（Peter Drucker）

如果市场领导者的企业DNA与此类人才的本性相容，那么他就能帮助企业坐稳行业领头羊的位置。为此，现今的市场领导者需要推行优雅而强大的企业文化。

是时候游向商海中波涛汹涌的水域了。

市场领导者正在改革

面对当前的经济危机与市场状况，市场领导者纷纷开始着手改革和重组。我们已经看到，市场中出现了一些不寻常的组合——例如，微软在为诺基亚的手机提供软件支持。也许在不久的将来，我们就能看到苹果与谷歌合作。毕竟，没有哪个市场领导者能够独立生存。身为掠食者的公司应该认识到，市场领导者正在进行改革，并且正在相互联合以保护他们自身及其所占的市场份额。

然而，有一点可以肯定：上述市场领导者对于消费者力量的了解均不足以帮助他们避开掠食者的攻击，而掠食者行动的基础就是消费者力量为其提供的货币。

为什么不是所有人都适合学习鲨鱼经济学？

专家表示，我们对鲨鱼的恐惧源于我们害怕被活活吞噬。既然本书的目的是教会读者如何将市场领导者连皮带肉地吞进肚里，它可能会引发同样的恐慌。曾经遭受过鲨鱼袭击的受害者可能会觉得这本书令人不快，我尊重并理解他们的感受。因此，我强烈建议患有恐鲨症的敏感人士不要阅读本书，也不要访问 www. sharkonomics。

也许大自然看起来很残酷，但它不会心存私念、针对个人，而是秉持实用主义法则。掠食者只不过是按照大自然的设定完成他们应该完成的事情——捕猎并吃掉猎物。本书旨在让企业也能够自然地完成同样的任务。猎食中的鲨鱼可能看起来异常凶残，但与人类相比，这种残忍根本不值一提。事实上，人类正在慢慢地杀害地球，吞食它的血肉，其中就包括大肆屠杀鲨鱼，简直就犹如在谋杀大自然。

“利落出击”，不挟私怨。

鲨鱼的攻击“干净利落”。起初你根本感觉不到疼痛，因为它攻势凌厉，出其不意。在我看来，它的攻击不挟私怨，只是在完成大自然的安排而已。通过向鲨鱼学习，我大大改善了自己的业绩。我学会了如何将业务集中在对利润而言“营养丰富”的领域，并撇开那些“没有营养”的东西。通过研究鲨鱼，我对社会结构、社会关系及其运作方式有了更深的了解。然而，随之产生的问题是，当我在本地游泳馆游泳时，似乎经常会不小心撞到别人。当然，我无意攻击泳池中的伙伴，但是由于长时间研究鲨鱼，这些大家伙们可能对我产生了潜移默化的影响。“鲨鱼经济学”将“干净利落”地咬住市场领导者的血肉，抢夺市场份额，将企业推往新的方向。本书没有肤浅的时髦词汇，它的主要目的就是掀翻商海中的船只，把它弄沉。

鲨鱼将再次从阴影中出击，游入尚未有人踏足的商海水域。

不喜欢这种论调？那就去读那些图表精美，而且没有致命下颚的图书吧。请注意：《鲨鱼经济学 2》的读者会遵循他们的进食本能，在市场中四处游走，寻找猎物，发动攻击。

如果你不喜欢书中有关攻击的部分，至少可以读一读有关防御的那一部分，这样你就不至于沦为《鲨鱼经济学 2》读者的受害者，因为他们会践行本书希望他们去做的事情。

没有任何完美的东西可以称作完美。

目录

第一部分

攻击市场领导者的十招

01. 发动攻击前先制订好计划
02. 不要被过去所束缚
03. 制造恐慌
04. 如鲨鱼般开展市场调研
05. 撕咬盲区
06. 攻其不备
07. 把握时机是制胜的关键
08. 不出击就会死
09. 杀戮亦有风格
10. 列出“攻击清单”

01 发动攻击前先制订好计划

公司规模越大，视野就越狭窄，会将内部状况与外部现实混为一谈。现今位列财富500强的公司，大多像是水族馆中以记忆转瞬即逝而闻名的金鱼。他们觉得自己高枕无忧、无懈可击，因此没有必要“跳出水族馆”思考问题。

我们在研究了几次鲨鱼袭击事件之后发现，肌肉发达的阿尔法男总会第一个跳入水中救人。这算是英雄之举吗？答案是肯定的，但这未必就是最明智的做法，尤其是他们可能会因此而致残。这些人之所以会奋不顾身地去救人，并不是因为他们有多么英勇，只是因为他们拥有阿尔法人格①，往往盲目自信，根本不觉得自己会受到伤害。拥有强势领导者的公司也会散发出这种混杂着盲目自信与天下无敌的气息。这类首席执行官不觉得自己是造成公司不堪一击的根源。整个公司的运作只围着这位关键人物打转；这个人觉得自己能够永生，而且极其强大，足以接受任何挑战。然而，所有首席

① 一种具有领导才能的性格。（译者注）

执行官迟早都会走向衰老，无一例外。最终，我们会看到强壮的阿尔法型领导者自负地跳入水中，拼命想要保护哪怕是一点点市场份额。市场领导者们认为自己处于市场中的安全位置，一切尽在掌控，但是对于竞争对手来说，他们往往只不过是一大块（毫无防备的）点心罢了。

> 大型企业的动作就像乌龟一样缓慢，它们总误以为只要缩在“大企业的龟壳”里就十分安全。然而，猎食者可以像咬碎饼干那样，轻松咬穿它们的龟壳。

鲨鱼已经在地球上生活了超过4.2亿年[①]。我们可以利用它们的经验偷偷靠近并且吃掉那些试图像水族馆中的金鱼一般躲在公司总部安全角落的人们。鲨鱼的世界只有一条法则：不吃即死！

鲨鱼常被称作“杀人机器”，但我认为它们首先是“学习机器”。它们在漫长的进化中逐渐意识到，如果停下学习与适应的脚步，就无法猎到猎物——最终走向灭绝。企业的一生往往不像鲨鱼那般残酷，但是高效学习的人不仅能够适应环境，而且能像鲨鱼一样有能力喂饱自己。

---

① Wikipedia.org. Key word: Sharks. http://en.wikipedia.org/wiki/Sharks (2011).

早在实施攻击之前，就应该开始进行计划。如果不清楚应该如何进攻，你可能会得不偿失。

鲨鱼的体型优化了它们的捕猎能力，但是公司甚至连形体都不具备；相反，它们被核心价值观和其他对公司发展有益的时髦词汇所束缚。想象一下这个超级掠食者猎食这些超级品牌时的场景吧。

掠食者会全身心地投入他们的任务之中。在商界，我们经常喜欢谈论通过“电梯推销”快速、精明地推销商业理念的重要性。但是只要看一看电梯的工作原理就会发现，除了最初的建造目的之外，它们并没有其他用途。设计电梯的目的纯粹是方便人们上下楼层，因此只有将重点放在这个用途上才不至于浪费能源。正因如此，我们没有必要将它们变成更强大的工具。在必做之事上，鲨鱼会表现得极为专注，它们在进化过程中走出的每一步都是为了成为超级掠食者。

我们往往喜欢把自己比成鲨鱼。高尔夫球手西瑞格·诺曼（Cireg Norman）被人们称作“大白鲨”，因为他球风凶悍，体格健壮，而且来自澳大利亚。如今，他已经打造了一个完整的产业，拥有自己的网站（www. shark. com），并提供一系列产品和服务。汽车等许多产品也都受到了鲨鱼完美、漂亮的体型的启发。此外，还有“华尔街大白鲨”和绰号与大白鲨有关的律师事务所（恐惧心理具有市场价值）。其他人也以鲨鱼为名，由此在自己与大白鲨之间建立起可持续的联系，从而保护了大白鲨——很快，烙有公司标志的鲨鱼将四处游走，帮助公司抢占市场份额。

将自己比作鲨鱼或是与之联系在一起真的可以带来市场价值吗？企业可以从鲨鱼4.2亿年的进化中学到什么呢？

鲨鱼通过敏锐的感官追踪猎物。它们形如鱼雷，力量强大且具有攻击性，一旦鲨鱼调动感官，锁定猎物，对方就几乎没有从鲨口逃生的可能。对鲨鱼来说，仅仅阅读商业杂志是不够的。随着鲨鱼不断长大，其捕食的猎物也越发强大。换句话说，猎物的大小与“神出鬼没”的鲨鱼发动攻击时的自信程度和能力水平有关。（为什么要在猎食的过程中浪费精力呢？）

> “世间并无强者恒强的自然法则，任何人都有可能走向衰落，而且也终将倒下。”
>
> ——吉姆·科林斯（Jim Collins），《再造卓越》（*How the Mighty Fall*）

潜近猎物时，鲨鱼仅是在策划进攻；但是只要猎物走错一步，他们就会直接出击。鲜有作者能像吉姆·科林斯那样，通过《再造卓越》介绍了令人印象深刻的研究。科林斯在书中揭示了美国银行、摩托罗拉、默克集团、迪士尼、IBM、惠普之类的大型企业如何因为行差踏错而陷入濒临倒闭的境地。

在我看来，这些公司就像巨大的泰坦尼克号一样永远不会沉没。但不幸的是，泰坦尼克号最终葬身鱼腹。如果在这些强大的企业踉跄而行、决策失误的时候有人读过《鲨鱼经济学》，这些企业就不可能一直存活到现在。它们早就步泰坦尼克号的后尘，成为鲨鱼的佳肴了。

吉姆·科林斯用下图的模型描述了企业走向衰落的五个阶段：(1) 骄傲自满；(2) 盲目扩张；(3) 漠视危机；(4) 病急乱投医；(5) 放弃挣扎、走向灭亡。在我看来，这个模型的形状看起来就像是鲨鱼背鳍。

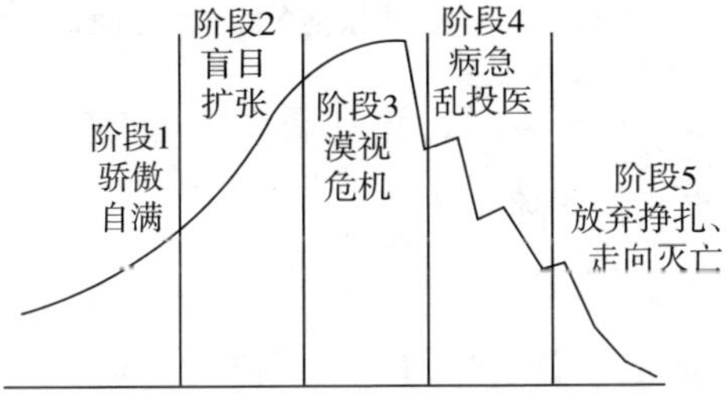

图1　企业走向衰落的五个阶段

资料来源：吉姆·科林斯．再造卓越［L］．Copyright ©，2009. 已获吉姆·科林斯许可。

发动攻击的最佳时机是在第四阶段。此时，强大的猎物身体虚弱，并且注意力不集中。这是掠食者将背鳍浮出水面，在对方企业内部散布恐惧与慌乱的时候了。如果猎物拒绝承认自己即将面对死亡，就无法挺过“病急乱投医”这一阶段，从而成为残忍掠食者攻击的受害者。

我认为，大多数企业都曾做出过错误的举动，而且几乎因此丧命。英国石油公司、丰田、苹果、微软、惠普、通用、IBM 等公司能够存活下来的唯一原因完全是他们的竞争对手太过懒散了。

记住，早在发动攻势前很久就要盯紧猎物，策划攻击。这很重要，因为强大的猎物能够做出有力的反击。如果能够悄悄跟踪猎物，了解其走向衰落的每一个阶段，哪怕对方是最强大的企业，成功的机会也会增加。只要攻击的方式正确，强者做出正确决策进而从攻击中复原的机会将大幅减少。对于他们来说不幸的是，你会跟踪他们，等待他们犯错。

受害者往往会说，在被袭击之前，他们甚至没有看到鲨鱼在靠近自己。

强者永远也不会去学习

在此之前，强者依然承受得起不学习的后果——但是现在，他们却将面临沦为鲨鱼盘中餐的风险。

一旦企业不再倾听顾客的声音，就会陷入困境。自 2004 年起，我一直在追踪此类案例，有关这些大企业做出错误决策的故事简直层出不穷，但这些强大的企业似乎从未从中吸取过教训——直到为时已晚。因此，你不妨在策划攻击时，留意一下 B2B 和 B2C 中的顾客投诉报告——这是你进食的时机，也是你攫取市场份额的机会。捷蓝航空和南太平洋航空就是通过追踪在推特上表达对其他航空公司有不满之情的客户，成功将他们转化为自己的客户。此时，猎物尚未流血；之后，我们可以预见，鲨群将蜂拥而至。与 B2B 一样，B2C 环境下也会出现此类攻击。组织良好的消费者通常被称为“众包”[①]，他们甚至可以通过团队合作击败最强大的企业。此外，成熟完善的企业可以将消费者的力量组织起来，对不同组合下的企业（B2B2C 或 B2C2B）展开攻击。在比特币和区块链等更为复杂的技术解决方案出现之后，消费者甚至不再需要企业——消费者关系可以取代企业提供的服务。有了共同目标之后，任何人都可以联手饱餐一顿！

① 一个公司或机构把过去由员工执行的工作任务，以自由自愿的形式外包给非特定的（而且通常是大型的）大众志愿者的做法。（译者注）

02 不要被过去所束缚

今天的许多市场领导者都是老牌公司，它们经过多年的发展确立了自己的市场份额。人们常说，如果想要在今天创建其中许多领先的超级品牌，成本将十分高昂。从很多方面来说，事实也许确实如此。但是，由于这些老牌公司大多被过去所束缚，对新涌现的市场机会主义者根本不熟悉，在未来的攻击面前，它们的防御能力就显得尤其薄弱。

大多数企业要么被过去所束缚，要么未曾从中吸取教训。在世界各地巡回讲课时，我逐渐意识到，企业面临的最大问题就是陷在过去，根本迈不开腿。如今，许多员工奖励体系都建立在短期利润和回报之上。这种模式促使领导者和首席执行官相信，企业诞生于他们踏入企业工作的那一刻。如果仔细研究他们的过去与现状，就能了解到他们的运营模式，积累有关他们优势与劣势的知识，从而预测市场领导者将如何保护自己免受攻击。一般而言，这些企业根本没有抵御未来攻击的防御之道，或者说它们的防御工事极其薄弱。

你应该自远离水面之处向市场领导者展开攻势，因为那是他们最难以保护自己的地方。在深深的水底，你可以发觉市场走势与商业机会，并据此找到可以代替市场领导者的解决方案。跟踪猎物时，要研究猎物的行为与运动，当然还有其产品和服务的弱点，这极为重要。在即将到来的技术、环保解决方案，节能和消费者活动等趋势中，他们错失了怎样的良机？

鲨鱼往往会耐心等到猎物离群的那一刻再出手——当周围没有人告诫它要提防袭击时，攻击得手的概率就会更大。一旦猎物与群体之间的距离越来越远，一口咬掉其市场份额的好时机就到了。

客户或顾客也是群体中的一部分。从他们对市场领导者的忠诚度就能看出后者是否已经离群。一旦这些客户和顾客开始对市场领导者提供的解决方案感到不满，就不会再提醒他们袭击即将发生。

被过去所束缚的市场领导者终将成为鲨鱼的盘中餐

本性决定行为模式。如果大型本土市场食物充足，市场领导者往往就会选择守成而非追求更多。这种情况会发生在人口众多、经济强劲的本土市场或存在各种进入壁垒的市场。

在透明的全球化市场中，没有任何栅栏可以阻挡饥饿的鲨鱼。当地的市场领导者或超级品牌会成为鲜美可口的显著目标。鲨鱼专家总喜欢说，哪里有好的猎场，哪里就极有可能发现鲨鱼。

对鲨鱼而言，入侵新领地就如同步入自助餐厅。没有哪条鲨鱼能够抗拒毫无危机感的猎物散发出的诱惑气息。

品牌定位 = 首当其冲的猎物

传统的品牌学派认为，对许多品牌而言，品牌定位仍然能够实现出色的效果。对鲨鱼来说，品牌定位同样行之有效，因为这意味着它们可以在发动攻击前缩小猎食范围。处于食物链顶端的品牌自觉十分安全，因此愿意冒更大的风险。他们对核心业务的关注度变得越来越低，最终会脱离群体。鲨鱼总爱潜伏在猎物丰富的深水之中——无论那里是一座岛屿，还是一个定位清晰的品牌。这种做法不无理由。

如何建立优良的猎场

如果总是针对某片区域发动攻击，在那里捕获猎物的难度就会变得越来越大。猎物会始终保持警惕，时刻留意潜在的攻击，而捕猎本身所消耗的能量甚至会超过食物能够提供的补充。只要你已经对猎场做好了未来规划，便依然可以留在这片区域。但是，如果捕猎所需的能量明显大于你能够从中获取的能量，那就应该转移阵地了。此外，离开此处，让它休养生息，就可以使其在下一个狩猎季到来之前，重新成为食物丰盛的猎场。

“生命就是一场永无休止的能量探寻之旅。”

——皮特·克林利（Pete Klimley），

《鲨鱼的秘密生活》（*The Secret Life of Sharks*）

鲨鱼嗜食，有时为了能够继续进食，它们会将吞下去的东西吐出来。这可不是什么上策，因为猎物可以借机了解你的猎食模式，同时组织好相应的防御措施。永远不要在同一片区域逗留太久，这是建立优良猎场的好方法。

为什么中国和印度能在全球范围内发动效率更高的攻击?

答案很简单：纵观两国历史，它们需要保护的现代商业“软肋”比其他国家更少。这就意味着，在嗅到新的商机之后，两国的管理层更有动力前往吸引他们的商业领域。不信吗？那就请你告诉我，还有哪个商业领域没被塔塔集团（TA-TA Group）咬过?

中印两国都拥有灿烂的文化与悠久的历史。它们与大自然紧密联系，可以像掠食者那样轻松移动，向着市场为它们指明的方向大举进攻。

你乘坐过百威航空吗?

估计没有。因为从 1876 年[①]起，百威就已经开始生产啤酒，自此再也没有离开过这个领域。不过，它那句著名的广告语“怎么啦?”[②] 其实是在暗示它即将进军航空业。我觉得这个目标不可能很快实现，因为它在酿酒业的悠久历史会阻碍它前进的脚步。

上次去印度的时候，我选择的是一家现代化的航空公司“翠鸟航空”。之前我并不了解这家公司，但是后来我听说这家公司起初就是靠啤酒发家的，之后才将业务拓展到了航空领域。我能够想象到，这只翠鸟还将继续展翅翱翔，将百威甩在身后。谁知道在那之后，它还将飞往何处，又会向谁发起攻击呢?

谷歌如何销售明天

今天，数百万人会利用在线日历来组织和同步一天 24 小时的行程。然而，即使拥有了数字化的支持，我们似乎依然

---

① Budweiser. com. http://www. budweiser. com/en/our - legacy/adolphus - busch - our - founding - father/default. aspx#/our - legacy/american - ingenuity/index (2011) .

② 广告语“what's up”玩了一个文字游戏。up 本意表示“上方”，因此这句广告语也暗含“我们向上发展如何?”之意。(译者注)

没有足够的时间来管理生活。要是谷歌日历可以改善我们的生活品质，延长每天的时间，同时又能帮助我们赚到大把的钞票，那该有多好！

不妨假设，今天，你在日历上键入了某天全家人去拉斯维加斯度假的行程。如果不用耗费几天的时间去搜索旅行所需的一切相关信息，那么对你来说，这种服务价值几何？对谷歌关键词、广告词来说，这就是数百万美元的收入。只要连接到你的日历，就能搜索到你的未来。毫无疑问，广告商绝对愿意花钱在你的日历上投放关键词广告。问题是，他们愿意支付多少广告费。你不必再去雅虎搜索信息，因为你可以在你的个人谷歌日历中找到所有答案。有人会认为这种做法侵犯了个人隐私，但如果谷歌和其他公司能够为你的生活增添附加值（例如，更有效地管理你的时间），你就更有可能接受这种程度的侵犯隐私行为。

谷歌可以创建一个十级量表，人们可以自主选择他们想要接收的信息数量。1 代表不接收任何信息；2 代表接收旅行信息；3 表示接收有关居住地附近新鲜事物的信息；4 表示接收有关会面安排的不同选择的信息；5～7 表示在更隐私的问题上愿意接受指导；8～10 表示接收的信息有可能像电影《心理游戏》（影片将现实与虚拟结合在一起，对你的个性与发展发出了挑战）那样改变你的生活。

广告商可以根据数百万计划搬家或旅游的人的行为模式，

为他们提供相应的服务。例如，建筑商可以在客户外出旅行时提供房屋修缮与汽车维修等服务。如果你能将它与爱彼迎（Airbnb）结合起来（当你外出的时候将房子租出去），就能找到人为你的旅行埋单了。

如今的消费者十分清楚自己的价值。有了上面的量表，他们就有能力选择到底该从旅行和日常生活中抽出多长时间。虽然你公开了自己的信息，却也换回了更高的生活品质。

谷歌的目的不是利用隐私来赚钱。相反，它的目的是不向广告商泄露你的身份——而仅仅是将你的行为模式与商家提供的服务联系起来。让消费者有权控制信息水平，自主选择是否消费。

随着《通用数据保护条例》（GDPR）的出台，你必须在开展业务时尊重他人的隐私。

一些表现优秀的公司

并非所有市场领导者都被过去束缚住了手脚。因为看不到他们的历史，我们往往不知道他们的发展历程。不过，我们开始相信，他们已经在这个位置上待了很久。下面是近期一些表现优秀的公司：

· 兰博基尼曾是一家拖拉机制造商——如今，它已是跑车市场的领导者之一。

· 诺基亚过去生产过橡胶靴——后来成了手机市场的领

导者之一。

·雅马哈过去只生产钢琴——如今，它是摩托车市场的领导者之一。

·维京唱片公司过去只制作唱片——如今，只要理查德·布兰森决定进军某个领域，它就能成为该领域的市场领导者之一。

·市场领导者采用的几家外包制造商——如今，它们直接将自己的品牌销往市场，从阴影中走了出来。

尽管拥有厚重的历史，但是如果这些公司不再前行，不再寻找新的领地，它们自己也有可能成为掠食者攻击的目标。

03 制造恐慌

一旦背鳍划破水面，掠食者便会开始围着市场领导者打转。阵脚大乱的市场领导者需要做出决策。他们大多没有足以摆脱鲨鱼进攻的空间。惊慌之下，猎物往往会出现失误，最终将因此付出代价。技术高超的猎人会利用猎物的恐惧心理令其畏怖；即便攻击不过只是谣传，他们也无法再集中精力关注自己的业务目标。

每个人对恐惧的反应各不相同。一些人两腿发软，一些人撒腿就跑；而另一些人则会奋起反抗。恐惧是鲨鱼的终极武器，它们将从对方身上嗅到的恐惧气息视作对方软弱的表现。经验丰富的潜水员曾跟我讲过，鲨鱼会对他们进行试探——只要他们显露出恐惧之情，鲨鱼就会毫不犹豫地发动攻击。对鲨鱼来说，试探潜水员的一种方法是从背后悄悄靠近。只要潜水员一转身，便会发现自己面前正“站着”一只身长足有三四米的鲨鱼。鲨鱼可不会大喊一声：“惊喜!”相反，它会默默地观察，究竟是你压制了狂乱的心跳，还是恐惧攫取了你的心脏。后者相当于直接告诉鲨鱼，你就是一顿

容易到手的美餐。假如对最高管理层和市场领导者进行此类试探又会如何呢？如果他们惊慌失措，就会激发鲨鱼的攻击本能。请记住：对鲨鱼而言，制造恐慌比发动攻击节省精力。

> 对于喜欢用力撕咬、制造恐慌的品牌来说，鲨鱼鳍是一个有效的“超级标志”。

遭受鲨鱼攻击的概率近乎为零

然而，我们仍然津津有味地陶醉在对鲨鱼的恐惧之中。为什么？生存本能告诉我们，绝对不能成为鲨鱼的盘中餐。因此，我们自然不想让自己成为鲨鱼凶猛袭击的牺牲品。但是，如果你也能成为像身长六米、重达两吨的大白鲨这样装备精良的杀人机器，又会如何呢？如果是这样，你就能以懒惰的受害者为食了。大多数市场领导者就是这样的懒鬼。一朝被蛇咬，十年怕井绳。事实上，财富500强公司只要挨过一口咬，对下一场攻击的恐惧就会使它无法集中精力，最终变得更加脆弱。为求生存，其他499家公司应该好好读一读《鲨鱼经济学》，找到避免沦为鲨鱼腹中餐的方法。一些公司甚至可以从澳大利亚请回真正的“鲨鱼保镖”，安排他在总部的接待处任职。

只有恐惧才能令人信服

如今的商业生活被过去所束缚。直到现在，维护传统行事方式的做法依然胜过接受创造力、大胆创新以及随时代而变。然而，传统方法终究会越来越陈旧。多数公司之所以不愿适应新时代，仅仅是因为它们觉得没有必要。如果公司已经取得了成功，继续在研发上投钱就不再有意义。但是，现在的市场已经变得十分透明，消费者也越发聪明。互联网为企业和消费者提供了新的可能性，使他们可以组织起来，要求获得更好的产品和服务。最后，企业别无选择，只能改变现状。由于担心失去市场份额，市场领导者们现在有了适应新环境的动力。当三角形的黑色背鳍明显开始在公司总部外游走时，恐惧会令所有市场领导者相信变革势在必行。恐惧可以激励大型企业接受创新和变革。即便是小鲨鱼的背鳍，也能在大企业中制造恐惧。但愿这能激励它们的员工跳出固有的思维框架——有效抓住这条鲨鱼，放入企业的水族馆里。

亿万富翁理查德·布兰森爵士的攻击态

不论涉足哪个商业领域，布兰森都能成功制造恐慌。为什么？因为他的攻击史就是一个个血淋淋的故事。鲨鱼生来便是杀手：它们不需要上学，也不需要父母教导它们如何捕食。它们会突然出现，然后以周围的生物为食；它们生来就具有攻击的本能。“攻击态”一词是对这种态度的最佳描述，即带着高度的自尊与自信在猎物身旁游走。我可以肯定，英国航空公司一定早已发现，“攻击态”是上天赐予理查德·布兰森爵士的礼物。

布兰森谈吐风趣，风度翩翩，因此猎物往往会低估他的攻击能力。当我终于有幸见到他时，便立刻感觉到了他的“攻击态”。他的“维京鲨”已经发展得极其强大。“维京鲨”越大，就越有信心攻击更大的猎物。如今，维京集团已经足够强大，完全有能力向任何行业的任何企业发起攻击。

一旦目前的领域不再具有挑战性，维京集团就会进军尚未有人踏足的市场——比如太空旅行。作为一名持续创业的企业家，布兰森在进军新领域时具有一种独特的优势，即远在竞争对手明白到底发生了什么之前，他就早已大步跨入其中。等他们察觉攻击来临的时候，往往为时已晚。

“对创新的需求从未像现在这般巨大！”

——理查德·布兰森爵士（Sir Richard Branson）

恐惧如何创造改变

无论游进哪个商业领域，“维京鲨”都能在那里制造恐惧，并且令其他人心惊胆战地等待它的背鳍在公司总部周围出现的那一天。积极应对恐惧的人会发现，这可以成为激发变革管理的强大动力（这一点可以请教英国航空公司）。

鲨鱼可不是全身长满“软肋”。它们在发起攻击或自我保护的时候，身体会犹如钢铁一般坚硬。有时，鲨鱼也会直接攻击船只，或是跃出水面三米以上，然后重重落在船上，将船只砸沉。虽然这种情况很少发生，但即便概率不大，即便这并非鲨鱼的正常行为，它所制造的恐惧感依然可以用来促进管理上的变化。掠食者能够察觉恐惧并促成变革。

> 恐惧是消灭保守主义的快捷方式，不论是在企业内部还是在外部都能奏效。

04 如鲨鱼般开展市场调研

如今，大多数的产品、服务、企业和品牌更适合陈列在博物馆的展厅里，而不是出现在市场中。就透明市场的需求而言，市场领导者远远落于人后。由于依然采用着传统的市场调研方式，他们前进的速度正在变得越来越慢，一不小心便会成为掠食者攻击的目标。

为什么要将时间和精力浪费在味道不好或是没有营养的猎物身上？鲨鱼才不会这么蠢呢。可在企业界，我们似乎会将大量的资源与时间浪费在那些只会造成企业利润率低下、发展缓慢的市场调研上。

市场调研可以为企业带来未来利润，但是如果鲨鱼在进行市场调研时像多数市场领导者那样效率低下，它们早就灭绝了。对于一个物种的存亡而言，能否跟上自然环境的变化至关重要。为了能够与其他物种竞争，为了能够留在食物链顶端，鲨鱼必须比其他物种更快适应这种变化。为此，它们进化出了“试咬”这种解决方案。“试咬”与品酒类似，是一种通过感官系统检验、评估猎物，据此对其进行调查的方法。

这种方法绝对比等上六个月再阅读调研报告见效快，因为届时，机会早就偷偷溜走了。无论是鲨鱼还是侍酒师，都不会仅仅通过阅读调研报告成为专家。相反，他们会尝遍一切，但凡味道不好的东西，都会被他们吐出来。

把握大势再出手

无论你的企业处于 B2B 模式，还是活跃在国内或国际市场上，市场空间的潜力都十分广阔。事实上，由于空间太大，猎物很容易就能逃脱。鲨鱼不喜欢在成功率如此低的情况下捕猎。因此，它们会不断游动，直至找到对它们有利的地点与情景。① 例如，它们会在浅水处捕猎，因为在那里更容易将猎物逼入死角（除非对方是一只鸟）。此外，如果某片水域能见度不高，就会成为鲨鱼的自助餐厅。鲨鱼还喜欢攻击落单的猎物——没有人向它发出警示或是将它护在身后。因此，你应该在寻到进攻的好机会之后再出手。

邪恶之中隐藏着善良

鲨鱼只会张大嘴巴撕咬猎物；如果味道不错，进攻就会继续。许多专家称，人类之所以能够鲨口脱险，往往是因为我们不太好吃，而且也不是当时鲨鱼能够找到的最有营养的

---

① Hugh Edwards. Shark: The shadow below (HarperCollins, 1998).

食物——所以鲨鱼会在咬完之后继续前进。然而，市场领导者往往味道鲜美，营养丰富，而且富含市场份额。如果他们尝起来味道不好，你就应该继续前进，别在他们身上浪费时间和精力。鲨鱼的攻击性越强，开发新的攻击策略并加以改进的速度就越快。

“既然身处市场之中，就应扫清一切障碍。”

——亚历山大·奥斯特瓦德，

商业创新模式顾问、作家

测试竞争对手，对其施加压力

许多大公司并未意识到自己的四肢已经失控，动作也不再协调，因此很容易便成了攻击的目标。只要试探性地咬上一口，就能快速了解他们将做何反应。如果他们无动于衷，那就是一顿免费的午餐。要是你足够幸运，可以将他们的手脚全都吞进肚里。直到那时，他们才意识到自己遭到了攻击。

导致企业防御系统不佳的最常见的原因是组织不善。另一个常见原因则是管理层并未跟上企业“本性”的变化。他们并不清楚什么值得保护。这些企业被老派的思维方式所困，认为公司唯一的价值就是直接用金钱衡量的价值。然而，透明市场中还存在许多其他的关键价值，如内外部忠诚度、部落[1]和消费者权利。企业还需要开发更多的方法来增加除金钱外以其他通货形式呈现的价值。

> “注意力是我们的主要通货。”
>
> ——琳达·斯通，数字革命时代的传奇

通过试咬来测试竞争对手、向其施加压力，你就能知晓市场领导者将如何反应，这反过来也能揭示出市场领导者在遭遇攻击时所具备的优势和劣势。

试咬和咬杀

多年来，果粉们一直希望苹果公司能推出一款手机。他们自然希望能够用心爱的 iPod 打电话。当时，苹果公司既不清楚应该如何从零开始研发手机，也缺乏相关的资源。诺基亚、摩托罗拉和索尼爱立信等公司是当时的市场领导者，它们自信地统治着移动通信市场。

第一次试咬移动通信市场时，苹果公司并不想冒太大的风险。因此，它只在摩托罗拉的一款手机中添加了 iTunes 播放器。当史蒂夫·乔布斯在一场著名的主旨演讲中向消费者宣传推销这个解决方案时，全场观众鸦雀无声。为什么？因

---

① Seth Godin. Tribes: We need you to lead us (Portfolio, 2008).

为这款手机远远没有达到粉丝们的预期——许多人认为，这不是一款真正的苹果产品。

然而，这款产品并不算是一败涂地。它不过是苹果公司借以评估进军手机市场所需努力的一次试咬。虽然尝起来味道不错，但是它必须回去消化刚刚学到的东西，将其与粉丝的反应融合在一起。

苹果公司原本可以在试咬一口之后便停下脚步（在很多情况下，鲨鱼就会这样做，尤其是当受害者已逃至攻击距离外的时候——可是，市场领导者往往会在逃跑过程中出现失血过多的情况）。然而，苹果公司又重新游了回来。这一次，它通过 iPhone 毫不犹豫地开始咬杀。鲨鱼在攻击象鼻海豹时，往往会咬掉象鼻海豹的一大块鳍（后臀与后肢），这种方法可以有效阻止猎物逃走。在商场上，这相当于阻止市场领导者销售其王牌产品和服务，砍倒它的摇钱树。苹果公司干净利落地咬住了产品的尾鳍，减缓了手机市场领导者的行动速度。咬杀是苹果公司对果粉的梦想所做的完美回答（余下的事情便众所周知了）。今天，诺基亚、摩托罗拉和索尼爱立信又在何处？它们早已失去了市场领导者的地位。现在，它们一直在追随苹果公司与 iPhone 的脚步，以它的残羹冷炙为食或是效仿它的做法。

鲜有哪个品牌比公司还要大，可苹果公司就是其中之一。这意味着对该品牌的需求比公司如今能够提供的产品和服务更大。粉丝愿意跟随它进入新的领域，苹果这一品牌有能力吞下更大的市场份额。苹果公司几乎可以向任何领域发起攻击。除 iPhone 外，也许它还能推出 iCar 或是 iFly。其他公司不知道自己的品牌能够发展到何种程度，因为它们从未进入过新的领域。它们只能等待掠食者出现，然后被掠食者在身上咬上一口。

蓝海变红海

2005 年，《蓝海战略》（*Blue Ocean Strategy*）出版发行，很快便成了国际畅销书。金伟灿与勒妮 · 莫博涅在书中提出了“捷径战略”这一概念，淡化了竞争的重要性。企业不应在血腥的红海中为抢夺市场份额拼得你死我活，而应寻找竞争较少的新的蓝海。

这种想法很容易大卖，可实现起来却要困难得多。首先，可供探索（或饱餐）的蓝海所剩无几。其次，许多进入“蓝海”的公司实际上已经走出了自己的舒适区。由于缺乏技能和知识，它们无法抓住机遇，最终做出了错误的决策。

过去，企业有充足的时间可以慢慢创新，逐步提高自己的市场地位。那个时候，蓝海战略本可以奏效。但是到了今天，如果在透明市场再采取这种战略，只会把大多数公司变成鲨鱼的盘中餐。

金伟灿和莫博涅对百年来 30 个行业所做的 150 个战略举

措进行了研究，并以此为基础撰写了《蓝海战略》。《鲨鱼经济学》的基础则是已经存活了4.2亿年并采取了数十亿次战略行动的鲨鱼。蓝海已成红海，是时候改变策略了。攻击和进食的时候，鲨鱼才不会关心海水究竟是什么颜色。

身处红海，不得不动

在苹果公司如鲨鱼那般向移动通信市场发动残酷攻击之后，这片水域早已被鲜血染红，充满了营养丰富的商机。其他鲨鱼会紧随苹果公司之后，涌入这片猎场饱餐一顿。也许这就像是跳进了鲨鱼池，不过这并不重要，因为每个人都知道，只要能够晃动船只，就能有食物入口。当时，谷歌带着手机软件“安卓”进入市场，也许它可以顺势推出自己的gPhone。中国的华为、中兴和韩国的三星等高端技术供应商也进入了红海。诺基亚和微软等其他公司则将通力合作，争取再次做大做强。《鲨鱼经济学》第一版出版发行后，路透社曾撰写过一则鲨鱼般的标题：“微软以72亿美元收购诺基亚手机业务。”正如我之前所提过的，只有身陷险境的时候，前市场领导者才更有动力结成联盟。

只要有心，就一定能找到切实的机会。例如，苹果手机曾出现过安全问题，那原本是向他发起攻击的绝佳时机。此时进入市场，直接咬杀比试咬效果更好。HTC或三星原本有机会将苹果公司赶下领导地位（或者说，取它的性命）的。

领导者几乎总会放慢脚步。例如，如今苹果公司的创新能力已大不如前。发展速度更快的亚洲鲨鱼正在快速游动，并张开大嘴试咬。

05 撕咬盲区

猎物通常能够察觉自己不堪一击，因此会从多角度保护自己免受攻击。可是，一旦猎物和掠食者在移动的过程中发展出了“试错”关系，新的薄弱之处便会显露出来。鲨鱼正在寻找这样的盲区，它们可以放心试咬，却不会遭到反击。

掠食者从未停下过寻找猎物的脚步。他们始终通过试错的方式来改进自己的狩猎技术。也许跟踪的目的并非是攻击，而是为未来狩猎的成功收集信息。

哪怕只在大型游泳池里滴入一滴鲜血，鲨鱼也能寻着气味找来。只顾向前游动，却毫不关心金钱就是在浪费精力与资源。本书旨在让读者具备鲨鱼式的思维，教会读者如何追捕市场领导者，并最终成为他们的噩梦。跟着金钱走，进食本能会引领你找到猎物的核心业务。

在猎物身旁游走，寻找盲区，因为大多数猎物不会将注意力放在核心业务上。他们往往会因为存在弱点而容易受到攻击，并试图通过变成自己并不适合的东西来弥补这一点。从远处慢慢靠近，绕着他们游动，然后渐渐逼近。这样你就可以在不被发现的情况下靠近猎物，找到合适的盲区，同时了解猎物的进食习惯、优势和劣势。这就是攻击时的“G形战术”（见图2）。

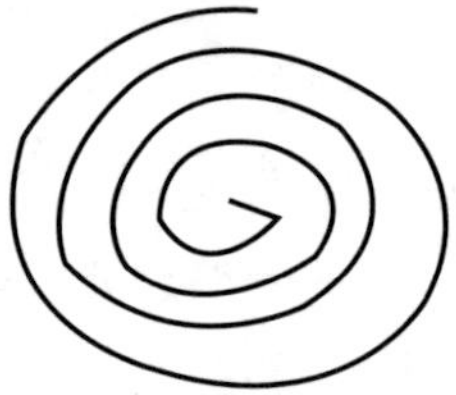

图2　G形战术

此外，隐形模式可以防止猎物发动反击。如今，市场领导者在进入新市场或拓展新领域时会做些什么？他们会发布新闻稿，其效果就如同往海水里倾倒鲜血，只会引来其他鲨鱼。最终，原本是为获得市场份额所做的努力，结果却耗费了更多的精力与金钱。

猎物绝对没有办法抵御自己看不见也听不到的东西的攻击。成功既需要把握时机，也需要秘密行动。

如何一口一口咬下苹果

苹果公司曾是挑战者，如今却成了强大的市场领导者。我在本书开篇时便承诺要揭露如何针对苹果公司的一些巨大的盲点，从何处开展进攻，并指出苹果公司在防御战略上的错误之处。

从很多方面来说，苹果公司已经成长为一头虎鲸。这种顶级掠食者甚至能够杀死一条大白鲨。虎鲸具有社会性，往往生活在家族体系之中。苹果公司的家族体系由不同的产品组成——电脑、iPod、iPhone、iPad 以及 iTunes 和 App - store 等。它的盲区会随着公司的成功发展而日益扩大。苹果公司已经进入了吉姆·科林斯在《再造卓越》中所提及的成功增大了“漠视危机”的阶段。

苹果公司觉得自己无懈可击。可事实上，这扩大了它的盲区，使得掠食者更容易对它进行伏击。一种方式就是将它最喜爱的食物伪装成受伤的猎物，在它周围游动，以此引诱它（“让人无法拒绝的提议”这一招在自然界中也很奏效）。由于虎鲸十分危险，最好先在它的背鳍上咬一口（对苹果来说，可以是 iPhone 的分销方式）。失去了背鳍的虎鲸无法游动，最终会沉溺。袭击之后，一定要退至家族成员的攻击范围外，等待他们离开。既然家族中的第一个成员已然成为盘中餐，晚些再处理其他人便也无妨。

市场上充斥着华为和三星等“iPhone 杀手”，但是对于苹果公司而言，最危险的掠夺者可能还是谷歌（谷歌通过安卓在如何攻击移动通信市场方面学到了很多经验）。谷歌也有属于自己家族的解决方案，它的企业 DNA 更接近消费者力量（在这种情况下就是它的开源文化）。苹果公司拥有很多粉丝，但是目前它与粉丝之间的关系却更类似于独白而非对话。数以千计的果粉喜爱苹果产品，但却始终没有得到苹果公司对这种热情的肯定与回应。对三星来说，这是争取这些人的绝佳机会。它可以追踪苹果粉丝部落的潮流，从之前苹果公司未曾想过的角度发起攻击。这可能意味着三星需要让自己的解决方案从各个方面都胜过苹果公司并且与客户融为一体，以此利用苹果自己的客户向它发起进攻。

也可以造成这样一种局面，即通过消费者力量和意见迫使苹果公司放弃从消费者那里得到的数百万个信用卡卡号（可以从隐私权和自由意志入手）。这样一来，消费者就无法通过轻点鼠标便捷地购买苹果产品了。

你觉得像三星、华为和谷歌这样的公司应该开发出哪几种最佳应用程序来攻击 iPhone 和苹果的市场份额呢？

06 攻其不备

如果行动易于预测，鲨鱼最终也将沦为受害者。永无休止的训练，再加上敏锐的感官，将鲨鱼造就成有效且致命的攻击者。在商界，能否给予对手出其不意的打击也是“猎者与猎物”之间的区别。

猎物通常认为鲨鱼不可能攻击那些看似不合逻辑的地方。可事实上，鲨鱼往往会选择猎物最意想不到的时间和地点发起攻击。如果未曾料到鲨鱼将从某处发动攻击，猎物就不会小心谨慎，因而也就更倾向于冒险行事。《鲨鱼经济学》就是要教你找到出人意料又不合逻辑的地点，从那里发起攻击，以达到意想不到的效果。规划并锁定市场领导者意料之外甚至尚不了解的地点与商业领域，你可以发动奇袭。连皮带肉的生吃才叫惊喜。

> “与《大白鲨》中的鲨鱼一样，最好的创新往往是我们尚不知晓的东西。”
>
> ——西蒙·斯涅克，《从“为什么”开始：伟大的领袖如何激励行动》(*Start with Why*)

如何伏击毫无防备的市场领导者

聘请我对其业务发起攻击的市场领导者总是信心满满，自觉已经为此做好了万全的准备。可是，往往攻击开始不过五分钟，他们就会陷入恐慌。为什么？他们觉得，我应该从他们已经建立了完善防御体系的地方开始进攻，可是鲨鱼只会选择最容易咬到食物的地方——防守最为薄弱之处入手。大多数管理团队都困在了舒适区中，这就为掠食者创造了无限的空间，让他们可以进入新的领地，在市场领导者最意想不到的时间和地点进行伏击。

这些年来，我已经找到了很多可以轻松发现市场领导者弱点的方法。人们往往不太赞同我的看法，可是在被咬了一两口之后，他们就会痛苦地意识到自己其实脆弱不堪。我来教你一些撕咬市场领导者的方法。如果对方是一家信息技术/互联网公司，你就可以立即假设信息技术/互联网正在渐渐过时。曾几何时，这是一个极具创新性且至关重要的商业领域，可如今它早已失去了这种光环。非但如此，现在的信息技术/互联网行业充斥着陈旧的解决方案和满是官僚气息的机构。换句话说，该产业已经从创新阶段进入另一个截然不同的阶段，旧的领域和利益已经开始阻碍新领域的发展。移动应用程序就是一个很好的例子。如果不是需要保护“旧”计算机行业的利益，它的发展速度绝对远胜于现在。这也是为什么非洲这样的地方反而可以更快使用移动互联网的原因。他们没有任何陈旧的行为需要替代——对他们来说，一切都是新的。

技术人员在为线上世界构建解决方案时，都能展现出超群的业务能力；可是一旦需要他们理解线下世界的时候，他们就会暴露出自身存在的巨大缺陷（所以我会从现实这个角度进行攻击）。如果对方是一家线下公司，我就会选择另一个角度，从线上发动攻击。

如果对方既有线上业务又有线下业务，那么，我会选择在两者之间不断切换——市场领导者往往在此处存在巨大的弱点，在遭到攻击之前，他们中的大多数人往往毫无察觉。

脸书（Facebook）等此类市场领导者迟早会明白这一点。可是，脸书驻伦敦办事处的一些高级经理在之前接受我的采访时，显然还未意识到这一点。如果能够在市场上做出正确的选择，脸书原本可以将全球半数人口变成自己的会员。脸书面临众多挑战，对它来说，进军实体支付领域（而不是利用人们的私生活赚钱）也许就是一个好举措。新技术正在不断完善；人们谈论的内容远不止他们发布在脸书上的帖子。将金钱和语言联系起来将使脸书成为无现金世界的主要参与者。人工智能很快就能将所有语音通信转换成可搜索的数据（很快，开口说话就会与在脸书上发帖无异）。

以下是一些如鲨鱼那般进行奇袭的经验。

来自特工的鲨鱼经验

在全球各地做了多场演讲之后，我想要尝试一种新的演讲形式。因此，我发明并组织了“不插电演讲”——演讲者在演讲过程中不使用 Power Point 和激光笔，而且保持与听众零距离互动。不插电演讲的目的是将与会者的注意力集中在会面、亲近感以及演讲内容上。我们在举办第五场不插电演讲时，请到了汤姆·塔维尼斯。汤姆曾受雇于瑞典安全处和情报部门，在情报分析和战略发展等领域拥有独到的见解。听众包括来自谷歌、声田（Spotify）、环球音乐、瑞典银行、诺基亚、北欧联合银行、TV4 和其他公司的重量级人物。讲座的目的是学习特工的经验，了解如何将其应用于商界。汤姆向听众传授了如何发现模式以及如何在企业内部（营销、领导力和改革管理方面）应用这些知识。汤姆还谈到了领导者应该如何通过理解和运用现有的最佳信息为企业领航。

演讲之前，我曾采访过汤姆，之后也听了他的演讲。我发现，商场不仅可以学习将现有的点连接起来，还可以将未来的点连接起来。

企业的市场领导者并不重视了解周围环境中发生的事情；对他们来说，现有的消息已经够用了。然而，如果你像特工那样时刻游走在生死边缘，就可能更有动力去留心世界的变化。

总的来说，战略水平与竞争水平有关：竞争越激烈，战略就越先进和残酷。我发现情报处的战略十分先进，因为一旦战略失误，他们就将面对致命的后果。不过，如果在自然界决策失误，后果就要严重得多，因为人人都是菜单上的一道大餐（鲨鱼甚至以同类为食）。

来自黑客的鲨鱼经验

所有系统最终都会崩溃。为什么？因为它们建立在源自历史的逻辑知识之上。今天，这些系统很容易遭到攻击。例如，黑客就能看穿我们这些系统的结构。

黑客的工作就是先将东西拆开，然后再组装起来。也许黑客的受教育程度和社会背景达不到商界的要求，可是他们一次又一次地证明，他们远比接受过最好教育的信息技术人才聪明。

企业的构建方式与信息技术结构相似，因为存在逻辑模式，所以有可能被黑客入侵，核心业务的代码也会遭到啃食。黑客和鲨鱼有很多共同之处：两者的行动方式都不可预测，而且在真正发起袭击之前，他们都会进行无数次佯攻，以发现受害者的弱点。

对世界顶尖的黑客来说，破解当今信息技术结构的安全性简直就是小菜一碟。保罗·帕布洛斯·霍尔曼曾是一名传统意义上的黑客。他在一次采访中向我展示了信息技术结构究竟是多么不堪一击。卓越的计算机技术与迷人的个性为他赢得了“黑客圣母”的称号。

帕布洛斯拥有积极的心态：现在，他正试图运用自己的天赋“入侵自然”，改变自然的反应方式，研究如何通过入侵其发展过程来控制或阻止卡特里娜等飓风以及疟疾和Polo等疾病。他还致力于解决能源、食品等其他重大问题。

帕布洛斯是一名能以积极的方式运用自身技术的黑客。所有黑客都拥有发现模式、探知其弱点的天赋。这让他们可以在出其不意地进攻商界时具备极大的优势。黑客和鲨鱼都在寻找对手身上的弱点并加以攻击。

找到共同目标

鲨鱼善于开展团队合作，但是这也为它们带来了风险，因为如果别无选择，它们就会以队友为食。制定共同目标可以获取内部资源并将其集中到一处。将共同目标与G形战略结合在一起是不错的选择。对许多掠食者来说，可以快速捕获的猎物比较安全，因为猎食的时间越长，竞争也就越激烈（血腥味会引来更多竞争对手）。

猎杀海狮和大象这类大型猎物可能会十分危险，因为它们可能会反击。避开这一问题的办法就是试咬。精确咬杀之前先进行试咬可以削弱猎物的力量。在商业中，社交媒体是掠食者寻找合作伙伴、进行围猎的绝佳工具。

曾有目击者报告说，他们亲眼见到七只大白鲨协力将一只死鲸从海滩拽入更深的水域中分食。一些市场领导者就如同搁浅在海滩上的鲸鱼，只能等待一群掠食者将其拖进更深的水域。谁说鲨鱼不是社会性动物？

来自社交媒体的鲨鱼经验

使用社交媒体的经典推荐步骤是：倾听、学习、参与（鲨鱼也不例外）。然而，如果社交媒体大肆炒作，就会面临与现实脱节的风险。布莱恩·索利斯在《互动》一书中点明了这种风险："社交媒体世界正面临偏离轨道、陷入晦暗黑洞的危险。"布莱恩的热情和对答案的探索将社交媒体提升到了学术层面。

盖伊·川崎是社交媒体行业的最佳从业者之一。在我看来，他是"瓦解阻力"方面的专家，他的个性也极其招人喜欢。正如他在《个人魅力行销学：把顾客变粉丝》（*Enchantment*）一书中所说的，"推动科技，可以将你的故事带给人们；拉近科技，可以将人们带入你的故事"。好听众既会热议信息，也会使用社交媒体；就像是开发出一套感官系统来寻找并攻击猎物。正如布莱恩·索利斯在某次演讲中指出的那样："倾听能够告诉你一切。"

来自热议信息的鲨鱼经验

谈论我们相信的东西可以赋予我们社会价值，并且让我们愿意对其热议。这也是为什么“开放创新”能够如此成功的一个强大理由——对于自己参与的产品、服务和品牌，人们往往深信不疑。正如加里·维纳查克在《我用博客赚了6000万！》（*Crush It*！）一书中所说的，“关键是要人们开始热议”。

如今，热议话题之所以能够取得成功，主要还要归功于线上世界。鲨鱼生活在线下，但是它们的行为和独特的视觉使它们具备成为线上热议话题的价值。有鉴于此，我采访了《口碑营销》（*The Anatomy of Buzz*）的作者埃曼纽尔·罗森，他也是口碑营销领域的领军人物。埃曼纽尔是一个脚踏实地的人，他并不太重视线上世界。例如，当我在采访中兴致勃勃地提到数字世界时，他打断我，说道：“斯蒂芬，看看周围，你看到了什么？你看到数字流了吗？”我抬头环顾酒店大堂，立刻明白了他的意思。

他接着说道：“虽然我们一直在谈论线上世界，但却仍然生活在对我们的日常生活有巨大影响的线下世界。未来的线上世界将比现在更加广阔（新技术将无处不在）。然而，当下我们周围的现实世界对于制造热点话题的方式而言更大也更重要。”埃曼纽尔优雅地指出了：“重要的问题是如何将技术融入陈旧的结构。”他补充说，现实世界十分强大，但是对于制造热点话题来说，数字连接极其重要。

我们还讨论了人们谈论事物的原因。埃曼纽尔认为，它赋予了我们在所处部落中的地位。当我问及为什么有些人比别人更喜欢谈论热点问题时，埃曼纽尔指出，有些人就像是“集线器”（我称之为“无线电”），他们会将信息传递给周围的许多人。集线器可以分为两类：专家级与社交级。专家级集线器希望人们能够知道自己是该领域的专家，从而获得更高的地位。社交级集线器则将其视作与其他人建立联系的一种方式。这也是令我们与众不同、脱颖而出的一种方式。如果人人都已经知道了某件事，它显然就失去了成为热议话题的价值。如果你谈论的内容别人早已知晓，你就难以获得别人的关注。换句话说，要想让集线器成为热议话题，你就必须确认并强化它们的认同感。它们的通货就是信息。如果这些人可信度很高，人们就会相信他们的话（不过，要是他们专为某家企业说好话，就会失去信誉，人们也会对其感到厌烦）。埃曼纽尔经常使用的一个词是“相关”。故事的每个部分（包括公司和集线器）都必须与每个人相关，否则没有必要谈论与自己毫不相关的故事。我的解释是要找到发送者和接收者都愿意收听的广播频道。信仰有限，可是如果信仰足够多，就能给我们带来值得谈论和讨论的社会价值。

创造力是制造热议话题最有力的方式之一。如果让消费者参与创建解决方案，他们就会积极地参与其中，也更愿意传播这条信息。但是埃曼纽尔也强调，过多倾听最积极的消费者的心声也存在风险，因为他们往往想要将一切做到极致。我问埃曼纽尔，这是否意味着这些参与其中的消费者都想要跑车？“没错，可以这么说。通常，购买你们公司汽车的普通家庭成员其实需要一辆房车。”

07 把握时机是制胜的关键

曾经遭受过鲨鱼攻击的人常说，他们根本不知道攻击自己的是什么。如果你去问鲨鱼，它可能会说，这是它发动攻击的最佳时机。如果可以清晰描绘出“市场蓝图”，你就能远在市场领导者弄清攻击者身份之前意识到市场中即将发生何事。

世间何处无水域，可是如果那里没有猎物，留在那里又有什么意义呢？通常，鲨鱼会尾随船只游上很长一段距离。这样，它们就可以在恰当的时机、恰当的地点发动攻击，因而也就更容易享用大餐（市场领导者就是这些大船，载满了可攻击的市场份额）。

每年，只要它们最爱的大餐进入了南非福尔斯湾外的水域，鲨鱼就会在同一时间出现。人们会看见许多鲨鱼绕着海豹岛游动（也许你已经猜到了，这座岛屿以鲨鱼的猎物为名）。

由于鲨鱼擅长伏击，攻击的时机取决于某些特定条件（比如能见度），这使得它们可以在袭击时占据优势，迅速出击而不被察觉。没有多少公司的攻击成功率能像鲨鱼那样高。这仅仅是因为鲨鱼对猎物的了解远胜于这些公司。大多数时候，这些公司仅仅将猎物视作客户关系管理系统中空洞的字符（数字根本没有血肉之躯）。你听过哪家客户关系管理的销售这样说过："在恰当的时机、恰当的地点大咬一口。"

选择时机并不困难，在死亡之环出现时端上大餐即可

如果说如今的管理问题皆源自高管层和首席执行官，可能会显得有些苛刻。也许，我们应该问一问，为什么"一切照旧"的心态存在了如此之久？这就像是南非的海豹岛。第二次世界大战期间，人们从远方将建材运至岛上，搭建了不少小屋。每年都有大量海豹来到这座岛屿。每当这时，到处都能看见许多大白鲨。海豹下水觅食时，鲨鱼会跃出水面5米，欢迎它们的到来。随后，鲨鱼便开始环绕猎物游动，结成"死亡之环"。许多管理层都没有意识到，他们就住在那些小屋里，而且每次下水都会被跟踪。

海豹可能不会住在这些小屋里，可管理层却仍然在采用陈旧的战略，就像住在小屋里一样。如今，这些小屋早已只剩残垣断壁，就像是那些处境不佳的市场领导者。当年苹果公司向诺基亚发动攻击的时候，高高跃出市场之海的正是iPhone。

将社交媒体作为声呐系统

在透明市场中，掠食者和猎物都可以从良好的能见度中获益。良好的能见度本身并非一种优势（它必须与其他东西结合使用，比如隐身伏击等）。社交媒体就像是一个声呐系统，通过它，你可以远在攻击之前便轻松对猎物进行调查。

如果掠食者掌握了猎物的议程安排，就能很容易预测出猎物的下一步行动。如果能够将脸书（Facebook）、色拉布（Snapchat）、照片墙（Instagram）和领英等社交媒体结合起来，效果甚至比鲨鱼的感官系统还要好。通过社交媒体，猎物不仅会暴露自己的行为，还会暴露自己目前正在做什么以及下一步的打算。

鲨鱼会在脸书上写些什么

鲨鱼与同伴的偶遇就如同我们在脸书（Facebook）上的互戳。鲨鱼更为实际，因此可能大部分时候，它们都会谈论不同的猎物与猎场（就像我们会谈论餐厅和食物一样）；它们可能会谈论交配（就像我们会谈论约会一样）；它们会根据身份等级结成团体（我们也会围绕身份、品牌、头衔、业务等级建立群落）；它们可能会谈论敌人（就像我们也会谈论敌人，有时还会谈论政客一样）；它们还可能会谈论不同的猎食领地（就像我们会谈论旅行、获得不同的印象一样）。换句话说，你可以将鲨鱼添加为好友，然后与它们好好聊聊。

大多数人宁愿自己有一位鲨鱼朋友。因为我们生活在一个紧密相连的世界里，这种“互戳”可能会带来意义深远的结果。社交媒体就像是品酒，你知道得越多，滋味就越好。

新维度下的猎头

在不久前的人类历史上，猎头指的还是残忍地砍掉一个人的脑袋。人们通常会割下敌人的头颅，用于向族人或世界其他地方的人们炫耀。

进入更加文明的时代之后，猎头不再需要砍掉对方的脑袋。相反，我们会将这些人带入部落藏起来，不被世界其他地方的人发现。

猎头的传统之所以会发生转变，一个主要原因就是，如今的公司发现，利用这些才华横溢的人的头脑比拎着他们的头颅炫耀更有价值。不过我却认为，我们使用这些脑袋的方式与过去无异，企业将他们带至部落，然后再向现代世界炫耀。商界高度重视这些脑袋，因为他们会影响股票的价值和部落的价值。这些具有极高市场价值的脑袋被用来向媒体和世界炫耀：市场领导者是多么重要。既然人们能够看见这些脑袋，很容易就能找到并捕获他们。这种现代版的猎头方式广泛应用于商界以及寻找国家和政治领导人的过程之中。

大思想家往往不是官方表面上所展示的那些——他们通

常躲在深处贡献自己的智力与知识。许多真正有才华的员工从未被展示在世人面前。只有在这些大思想家的头脑中才能找到公司的发展和未来，这也是为什么公司试图将这些脑袋藏在研发部门的原因之一。

鲨鱼会以最有效的方式攻击大型猎物，比如撕咬提供动力的背部。如果你是试图从领导者那里夺取市场份额的商场掠夺者，就应该找到合适的脑袋并将他们争取过来。通过社交媒体，你可以找到恰当的时机，在不暴露目的的情况下发动进攻。

08 不出击就会死

如果不再游动，鲨鱼就会死亡。大多数市场领导者以为自己正在前进，可事实却并非如此。在目前的水域中漂浮不动十分危险，因为死神的魔爪正在水底深处移动。

出生之前，鲨鱼就必须在竞争中寻求生存。某些种类的鲨鱼可以产下25条小鲨鱼。为了生存，这些小家伙们不得不吃掉自己的同胞。最终，25条小鲨鱼中只有一条能够存活下来。① 现代科学显示，出于实际的原因，掠食者往往会同类相食。同类更容易寻找，而且也能提供自己所需的营养。

同类相食的现象在商界也很普遍。如果市场已经饱和，一家企业就会被另一家竞争对手收购，这就是“并购”。甲骨文（Oracle）吞并MYSQL数据库的举动就是在竞争激烈的市场中寻求生存的方式。

① Torill Kornfeldt. Article: Most Predators Are Cannibal（Research & Advances/Forskning & Framsteg（Issue nr 2, 2011）.

“你最需要的营养最容易从同类身上找到。”

——沃尔克·鲁道夫，

莱斯大学生态与进化生物学系教授

动机就是力量

鲨鱼能与环境融为一体，这赋予了它们发动攻击的力量。鲨鱼通过来回摆动尾巴推动自己游向前方。飞机的尾部利用向前运动来推动机翼周围的空气，从而产生气动升力。同样，鲨鱼也会用鳍推动周围的水，以免自己下沉。它们实际上是在水下飞行。

如果这还不足以促使它们不断游动，大自然还为鲨鱼设计了一套独特的呼吸系统，如果停止游动，它的呼吸系统就会停止运转。与此同时，它也会沉入水底。

你听哪位励志演说家说过“为了生存，不停向前”吗?我想应该没有——但这就是商场的自然法则。

前进就是学习

如果能够始终处于试错模式并不断修正跟踪策略以便攻击不同类型的猎物，你的适应性就能得到增强。永远不要错过任何一顿大餐，因为猎物的逃跑策略可比你高明得多。不断前进的公司不仅可以学到很多东西，还能够创造管理上的变革，从而避免被咬的命运。

“如果停滞不前，结局将有多痛？”

——萨拉·奥瓦尔，

邦尼集团研发部高级副总裁

海洋之中的一切都紧密相连，运动不息。要想成为“自然运动”的一部分，保持与洋流、太阳和温度的协调一致就至关重要。对鲨鱼来说，光和影极为重要，它们可以帮助鲨鱼不被猎物发现。如果能够潜行，攻击就会变得更加容易，也更难预测。

速度产生攻击力

鲨鱼体型健硕，肌肉发达，被攻击的人常说自己犹如被混凝土砸中了一般。诚然，鲨鱼体格健壮，但是与汽车一样，速度产生动力。巨大的冲击力可以令多数受害者窒息或失去知觉。如果遭遇攻击的是市场领导者，那么不忠诚或不满意的客户和消费者就会增强这种攻击力。逆流而上会耗费更多的能量，因此，只有顺着消费者力量的潮流，才能获得更快的速度。这种消费者力量可以是在社交媒体上表达不满的一群消费者，也可以是某种趋势或重大变化，如材料、行为、企业社会责任或其他创建了变革需求的因素。

聚友网粉丝创建了 SharkSpace

聚友网（MySpace）是最早的主流社交媒体之一。它意识到，即使是最忠实的粉丝，也有可能与它反目成仇。傲慢自大、不与客户交流且无法满足客户要求的市场领导者可能会耗尽客户的忠诚度。即便是铁杆粉丝也有叛变的风险。由于粉丝彼此联系紧密，他们很容易便能在短期内对聚友网造成破坏。

如果市场领导者未能沿着粉丝认为重要的方向前进，就会令粉丝感到失望（今天的层级组织中很容易出现这种情况）。不幸的是，我发现我自己就是这样。我曾以客户的身份给油管（YouTube）提过一些建议。我没有得到任何回应，可是后来，我却发现他们做出了与我的建议完全相反的事情。当然，他们之所以会这样做，可能是出于其他原因而非是我提出的建议。但是粉丝往往不会这样想，失去热情的粉丝会投向能够倾听和支持自己的其他市场领导者的怀抱。

由爱生恨——足球流氓

曾有媒体报道说球迷行为怪异。足球界早已对暴力习以为常，可是这一次，球迷却将矛头直指自己的球队！为什么？因为他们认为球队没有发挥出应有的水平，因此他们由爱生恨，成了足球流氓。我想，对许多品牌而言，相同的一幕一直在反复出现：只要觉得品牌没有完成应做之事，粉丝就会立即反目。如果品牌没有进行创新，或是没有实现创新的目标，粉丝就会在线上或线下的门店，甚至到公司总部抗议。为什么？品牌领导力意味着绝对不能站着不动，而是应该全力奔向下一个创新或发展点。如果某品牌的粉丝在使用了另一品牌的产品或服务之后觉得后者的体验更好，他们就会站到品牌的对立面，反对自己曾经支持过的品牌。麦当劳、脸书（Facebook）、李维斯（Levi's）等公司都有过这种经历。苹果公司也有可能成为其中的一员，因为在我看来，它不明白在坐拥如此多狂热粉丝的情况下，必须以多快的速度进行创新。掠食者公司当然可以利用这一点——比如接管对方的粉丝群。在社交媒体的世界里，忠诚作为一种通货可以让球迷迅速改变立场，抛弃原来的球队。这就像是“利用现有的粉丝群来建立你自己的粉丝群”（Huffingtonpost. com）。

Skype 和声田（Spotify）是如何发现免费大餐的

停滞不前的市场领导者就是在引诱别人向自己发动攻击，因为这顿大餐实在令人难以抗拒。无须耗费过多能量即能捕获它，还可以享用十分丰厚的市场份额，对任何掠食者公司来说，这样的猎物都具有不可抗拒的诱惑力。

正如克里斯·安德森在《免费》（*Free*）中所揭示的，免费是推广传播、建立口碑的好方法。Skype 和声田（Spotify）

不仅提供了需求量极大的服务，而且分文不取，因而抢夺了电信业和音乐行业巨头的市场份额。这种策略无异于对市场领导者大开杀戒，最终会逼得他们举手投降，落荒而逃。可是一切为时已晚，Skype 和声田（Spotify）早已建立起自己的领地。Skype 和声田（Spotify）改变了当时市场中的游戏规则。因此，今天你几乎可以通过任何应用程序拨打电话，随时随地欣赏音乐。这往往就是最终的效果——一击成功之后，就会有更多鲨鱼加入这场派对。

20 世纪 20 年代，朝九晚五效果不错，可到了 2028 年就不一样了

全天候不间断地游动于鲨鱼有益，对那些想要与时俱进、抓住机遇的公司而言也是如此。速度快并且不断处于变化和适应的创新阶段是谷歌、思科（CISCO）、阿里巴巴和亚马逊等公司能够成长为全球掠食者的原因。

年轻的公司以及信息技术等领域很容易实现加速发展，因为它们不会被过去束缚住手脚。此外，新的猎食场也会吸引注重适应性的员工。如果觉得自己目前所在的公司发展不够快，不能满足个人发展的需要，关注适应性的新人就会跳槽去其他企业。

“将目光放得长远一些，好事就会接踵而至。”

——卡伊·阿莫，

MYSQL 首席宣传官

MYSQL 是一家开源数据库公司，曾经拥有 1000 多万追随者。当时，市场领导者甲骨文（Oracle）根本无法以同样的进化速度向前发展。没有太多的防御措施可以抵御开源解决方案这类行动迅速的公司的攻击，因此甲骨文采用了经典的美式防御措施，它耗资数十亿美元收购了 MYSQL。一开始，甲骨文试图直接买下 MYSQL，但是没有成功，于是它转而收购了 Sun①。当时，Sun 刚刚收购了 MYSQL。追上这些行动迅速的公司需要付出高昂的代价，而且还可能导致行业内部出现同类相食的情况。未来将告诉我们，甲骨文究竟能否管理好这 1000 万名追随者——毕竟，这些人可不是合同中所列的商品。

---

① Mike Butcher. Article：Oracle To Buy Sun For Approximately ＄7.4 Billion (Techcrunch. com, 2009).

09 杀戮亦有风格

鲨鱼有幽默感吗？它们擅长狩猎和进食，在做这些事情的时候，它们肯定乐在其中。掠食者往往喜欢戏弄受害者，以此炫耀它们的原始力量和巨大优势。只有吃饱喝足的鲨鱼才会展露微笑。

进入远在水面之上的市场

从下方伏击、发动高速攻击是一种令人出其不意的技巧。在掠食者和猎物间的军备竞赛中，鲨鱼的适应性是成功捕猎的关键。海豹味道鲜美、营养丰富，可是它们也有高超的逃跑战术。为了提高攻击的成功率，鲨鱼会利用自然资源来提高自己的优势。在这种情况下，鲨鱼会选择在能见度低的时候从水底深处发动攻击，犹如一颗鱼雷，飞向水面打击猎物——它们的速度往往很快，因此甚至会咬着猎物跃出水面。自成风格的惊喜也是掠食者公司进入市场的好方法。

苹果如何能与波音一起遨游天际

在一次长途飞行的过程中，我觉得十分无聊，于是便打开了前排座椅靠背上的电影屏幕。由于无法从头播放影片，我便向空姐寻求帮助。她回答说，“这是这架飞机最后一次飞行。今天抵达目的地之后，它就报废了”。不得不说，这太滑稽了。可我一直在想，能否有其他更新的选择可以代替机载娱乐设备。如果机舱内部看起来既老旧又不安全，老机型就尤为让人觉得过时。它需要像数字生活中的其他成分一样不断更新。如果连我都这样想了，其他人肯定也有同感。

为什么波音公司不与苹果公司合作，在每个座位上安装一台 iPad 呢？这可以为它省下数百万美元的开销，还能使它的机载娱乐设施走在时代的前列。长途飞行将不再显得漫长。消费者可以长时间使用 iPad，他们会上瘾的。对苹果公司来说，这将意味着销量激增，也许还能冲到传奇人物史蒂夫·乔布斯都无法企及的高度。与苹果公司合作之后，波音公司既可以节省开支，又能够创造新的收入。此外，飞机的更新也将更加容易，未来只要将 iPad 2 更换成 iPad 3 或 iPad 10 就行了。

它还可以为波音公司创建一个包含航空公司品牌和应用程序在内的网页。其他商业合作伙伴也可以加入进来：游戏界的艺电公司（Electronic Arts，简称 EA）、租车行业的赫兹公司（Hertz）、电子书领域的亚马逊和巴诺书店（Barnes & Noble），当然还有各种与旅游相关的公司。

我写了一篇博文表达了这个想法（我称为 iFly）。此后，波音公司发送了相关推文。世界各地的飞行专家迅速做出了回应。这种想法似乎越来越流行。我也搭乘过芬兰航空公司的长途航班。它就是计划通过 iFly 试咬市场的航空公司之一。如果苹果公司无法搭上 iFly 的这股潮流，也许三星的 Tab 就会这样做，并对数十亿的购物市场发动攻击。成千上万的顾客在无聊的飞行时间里无事可做，只能娱乐和购物，这就为企业提供了潜在的商机。这种掠食者攻击能够并将改变世界上最大的商业领域之一——旅游业的游戏规则。为什么？因为 iFly 会影响消费者的选择，不仅影响他们在着陆之后可能消费的内容，还会影响他们下次旅行的目的地。此外，这些乘客还会对他们的朋友产生影响，因为他们会在一万英尺以上的高空使用社交媒体，传播信息，提出旅行建议。将 iFly 与谷歌地球、脸书（Facebook）、照片墙（Insgram）以及色拉布（Snapchat）结合在一起，就有可能改变整个旅游业的游戏规则。

从云端发动进攻

如今，许多商业领域——如金融、客户关系管理、簿记、数据存储——都受到了保护，因为它们需要巨额投资来开发。

它们已经安全成长为市场领导者，因为竞争对手无法获得与其竞争所需的必要投资。但是现在，随着信息技术投资逐渐转向云端，保护市场领导者免予竞争的障碍将不复存在——对客户和消费者来说，这就意味着选择自由。

因此，掠食者软件公司将沿着食物链向上移动，大口吞下金融等行业的市场份额。对这类掠食者来说，之前受进入壁垒保护的服务也将门户大开。

10 列出“攻击清单”

如果找不到猎物，鲨鱼就只能饿着肚子，最终走向死亡。如果可以集中精力捕食营养丰富的猎物，鲨鱼就会不断成长。如果无法获得回报，吝啬刻薄就没有任何意义！最终，所有市场领导者都会出错；如果正好有一家掠食者公司在追踪他们，那么，这也许就是他们迈出的最后一步。

如何找到可以攻击且营养丰富的猎物？

1. 上网。

2. 搜索财富 500 强公司，把它们当作美食菜单来阅读。

3. 从菜单中挑选你的食物。

4. 根据《鲨鱼经济学 2》提供的攻击清单，从第一步开始逐一实施。

5. 吃掉一个市场领导者后，就将它的名字从鲨鱼攻击清单中划去。

6. 永远记住，如果吞下的食物体积太大，你最终也会出现在这份清单上（不过，能够登上财富 500 强的榜单也是一项不小的成就）。

你想要攻击的十大猎物是谁?

1.

2.

3.

4.

5.

6.

7.

8.

9.

10.

然后再将目标对准财富 500 强中剩下的 490 家企业。

为什么他们是最佳猎物？你可以从中学到什么？取得怎样的成就？又需要承担怎样的风险?

1.

2.

3.

4.

5.

6.

7.

8.

9.

10.

对该猎物是否具备足够的营养并值得攻击做出评估。如果营养不够丰富，就从清单中另选一家，或是花些时间跟踪猎物并且见见它（知道自己将来会吃到怎样的大餐也是件不错的事情）。

这位市场领导者的盲区是什么?

1.

2.

3.

4.

5.

6.

7.

8.

9.

10.

你会从恰当的位置发起怎样的“咬杀”？

1.

2.

3.

4.

5.

6.

7.

8.

9.

10.

不要仅限于这张清单，永远不要停滞不前。渴望吃到更多美食吗？那就上 www. Sharkonomics. com 咬杀吧。

第二部分
市场领导者抵御袭击的十招

导言：防御

人类对潜在的鲨鱼攻击，怀有巨大的恐惧，因此在《鲨鱼经济学2》中设置防御这一部分内容合情合理。阅读这一部分，可以避免让竞争者在进攻中占据优势。

无论在自然界还是商界，猎物和掠食者都生活在同一片水域。最终，所有市场领导者都会因为与掠食者同处一个市场、共用一片水域而遭受攻击。品牌发展背后的理念是保护原创品牌不被仿冒。长期以来，名字和声誉是一个品牌得以在市场中生存的依赖。然而今天，单凭名字并不能保护品牌免受攻击。随着商业环境变得日益艰难，防御的需求也在逐步增加。市场领导者必须以极其严肃的态度捍卫自己的产品和服务，与追踪者保持安全距离。由于数字化进程使得市场竞争加剧，特斯拉、声田、阿里巴巴、亚马逊、谷歌等公司开始在全球范围内猎食，防御战略成了所有公司的必备法宝。

恐惧会阻碍组织和个人的进一步发展。与吉姆·科林斯在《再造卓越》中提及的“漠视危机”比起来，直面恐惧则是一个更好的选择。漠视危机就是鲨鱼专家口中的“自找麻烦”，因为鲨鱼很清楚水里都有什么，它们会用自己的技能来平衡获胜的概率。科林斯称之为“在吃水线下冒险”。但凡想要保住领先地位的市场领导者，都必须直面无法避免的死亡。

就鲨鱼防御而言，人类依然处于试错阶段。选错方法的人再也没有机会将自己的经验分享给他人，难怪一些幸存者曾严肃地说，他们曾看见鲨鱼对着自己微笑。

遭到攻击的市场领导者觉得同样的事情不会再度发生在自己身上。他们常说：“闪电不会两次击中同一个地方。”几位潜水员也采用了同样的策略，再度跃入水中。一次，在鲨鱼第二次发动袭击之后，除了一条腿，潜水员已经什么都不剩了。[①] 糟糕的防御不会给市场领导者带来任何好处；但却可以让他们的竞争对手笑逐言开。

学习永远不嫌晚，可如果学得太慢，那就真的太迟了。

第二次世界大战期间，美国陆军曾出版过一本经典的鲨鱼生存手册[②]，理由是如果他们的士兵陷入满是鲨鱼的死亡水域，至少应该知道如何利用一些战略生存手段来对付鲨鱼：

猛击它们脆弱的鼻子！抓住鲨鱼鳍，这样它就会向下游；如果你觉得它已经受够了，那就放手！

---

① Ellis & McCosker. Great White Shark (Stanford University Press, 1995).

② Xavier Maniguet. The Jaws of Death (Skyhorse Publishing, 2007).

从某种意义上来说，这本生存手册起到了一定的作用，它帮助士兵直面自己最大的恐惧。但是说到如何与大白鲨正面搏斗，这本手册却并没有实现预期目标。当时，美国陆军的目的可能是想让士兵低估并漠视风险。但是与士兵一样，这般漠视风险最终会导致市场领导者垮台。

许多人试图找到完美的鲨鱼防御措施——例如，穿上某种颜色的潜水服，伪装成鲨鱼不会猎食的物体。甚至有人觉得，人类可以游得比鲨鱼更快（恐惧可以让我们相信任何事情）。此外，还有人认为在水下尖叫可以吓跑鲨鱼。我觉得最怪异的防御莫过于在水下播放披头士的音乐了。① 事实证明，这些富有创意的防御策略唯一的效果就是缓解人类在水中的脆弱感。可悲的是，许多此类措施实际上产生了相反的效果，反倒引发了几次可怕的鲨鱼攻击。

我不推荐上述任何鲨鱼防御策略。相反，我自己研发了抵御掠食者攻击的十项要点。我的目的是帮助市场领导者保卫他们的领地，利用对攻击的恐惧激励管理层进行变革，从而发展业务。

> 强大的防御可以平衡掠食者与猎物之间的军备竞赛，并将激励市场领导者做出一些针对商业性质的重大渐进性变革。

---

① Xavier Maniguet. Ibid.

01 遭遇攻击前先制定防御战略

如果能够在大海中畅游，而不是困在水族馆中，跳出固有思维模式进行思考就会变得更加容易。已经存活了数百万年的超级掠食者之所以这样做，是因为它们的防御策略与攻击策略一样强大。

虽然听起来可能很荒谬，但如今大多数市场领导者确实没有任何形式的防御措施！由于市场领导者聘请我向他们的业务提出质疑，并且发动模拟攻击，所以我光凭经验就能看得出来，他们根本没有任何防御（即便有，这些措施也不如他们想象中那般强大）。为什么当你在搜索栏中键入“市场领导者”时，只能找到商业网站，但是如果将关键词换成“市场防御”，就只会跳出一堆军事网站？这仅是因为在商界，防御并没有得到高度重视，因此也没有什么回报。但在军事领域，如果没有良好的防御措施，就会有人丧命。

哪支冠军队伍没有良好的防守战术？而你所在的公司或商业领域中，哪个部门是负责处理防御措施的？当今的财富500强中，谁是最佳“防守队员”？没有哪本花哨的商业杂志会提及优秀的防守队员。英国石油、丰田、惠普、苹果、微软、HD、通用汽车和IBM等市场领导者就曾因为糟糕的防御措施损失了一大笔资金。亡羊补牢，为时晚矣。营救受害者开销不菲。一些公司由于遭受的损失过于巨大，从此一蹶不振，再无机会重返市场领导者的宝座，最终成为浮在水中的空壳。

为何防御不受重视

自幼儿园起，我们就已经开始接受塑造“积极乐观”个性的训练。因此，如果在建造泰坦尼克号的团队中，有人说了一些与“永不沉没的创造”这一形象不相符的话，团队很有可能当众批评这个人，同时指出并纠正他的错误（至少他也会被派去清理甲板，直到学会如何变得更加乐观）。内部沟通部门会斥资重新以积极的基调撰写企业报告。奖金制度和股票价值等举措在商界十分流行，因为积极的信息很容易与工资保持一致。

从本质上来说，管理领域根本不存在什么降落伞协议①。

① “金色降落伞”指的是雇佣合同中按照公司控制权变动条款，对失去工作的管理人员进行补偿的规定。一般来说，员工被迫离职时可得到一大笔离职金，它能够促使管理层接受公司控制权变动，从而减少管理层与股东之间因此产生的利益冲突，以及管理层为抵制这种变动造成的交易成本。

研究人员指出，许多企业都存在“漠视风险”的氛围。他们既没有对外部威胁做出应对，也没有制定必要的调整措施，而仅仅是对企业内部进行了调整和重组。① 如果诺基亚、三星和摩托罗拉拥有一支专事防御的团队，就不会因为一部iPhone被苹果公司夺去市场领导者的宝座。发展防御技能是鲨鱼天性中十分自然的部分，也应该是公司中很自然的一个部分。只要改变对防御的重视程度，我们就可以早在遭受攻击之前就为自己制订计划、开展教育。

武术中有一些相当发达的防御体系。既能开展完美攻击，又能实现自我保护的唯一方法就是不要出手。如果乔布斯及其公司知道进攻所需的代价远超所得的利益，当时他们就绝对不会向移动通信产业发起攻击。对优质猎场的掌控而言，防御也许比进攻更为重要。

与体育和军事领域不同，商界没有相应的探讨防御的语言。但是如果某家公司遭到攻击，学习和探讨防御的动机就会增强。现在，我们生活在一个攻击早在意料之中的世界。因此，防御应该成为日常商业语言和领导力的一部分。

亡羊补牢，为时晚矣

华尔街的地下潜伏着许多危险的影子，它们在静静地等

① Jim Collins. How the Mighty Fall：And why some companies never give in (Random House, 2009).

待市场领导者做出错误的决定。否认自己是潜在的猎物，只会将你的名字列在它们的菜单之上。你应该在鲨鱼笼中研究竞争对手，只有这样才能了解你的掠食者。但是，千万不要向它们投食——鲨鱼专家警告说，让鲨鱼将你与食物联系在一起可不是什么好主意。

对掠食者来说，研究猎物非常重要，这样它们就能了解猎物如何前进、转向，如何适应环境的改变。掠食者与猎物都在为生存而挣扎。猎物面临的危险越大，生存所需的技能就越多。在世界上最危险的水域，大白鲨会从水下深处高速攻击水面上的海豹。在其致命下颚深深咬入皮肉前的一瞬间，海豹才会察觉到鲨鱼破水攻来时产生的冲击波。而那一瞬间，根本没有时间分析市场调研报告——动作太慢就死定了！

谷歌：死亡还是进化

不久前，各种管理类图书都还将许多市场领导者描述为在竞争中占据优势，立于不败之地的强者。然而，许多此类公司已经消失不见了。为什么？生物终有一死。与人体一样，它们通过再生 DNA 获得更新。[1] 正是这个过程使我们得以生存。但是随着年龄的增长，新陈代谢的速度会逐渐变慢，因

① Bruce M. Carlson. Principles of Regenerative Biology (Academic Press, 2007) .

此，我们的身体会越来越衰老。衰老会导致机体能力受限；如果企业的DNA无法得到更新，也会出现这种情况。缺乏变革和创新的公司无法再生其企业DNA，发展速度就会逐渐下降。

谷歌允许员工将20%的工作时间（每周一天）花在新项目和新想法上，通过这种方式实现自我更新。这20%的时间也激励着谷歌员工在本周剩余的工作时间里更有效地工作。[①]他们称为“新项目”，但我认为，对于想生存下去的市场领导者来说，前进并非一种可有可无的选择。通过努力发展此类更新程序，谷歌的实力和防御能力都将得到增强。

也许在当今商业媒体所列的排名中，谷歌名列前茅。但是作为一家企业，它无时无刻不在走向死亡。为什么？它的最高管理层和人才不可能维持5~50年不变，具体视其所处的环境与事件而定。如果不继续补充新鲜血液，谷歌的发展速度就会放缓，最终导致自我更新终止。对掠食者来说，谷歌进化速度放缓的时刻，就是它们开启大餐的时刻。进化过程中的问题从来就不是这些公司是否会减速，而是何时减速。

---

① Daniel H. Pink. Drive（Riverhead Trade，2011）.

02 永不止步

鲨鱼喜欢以鲸鱼的尸体为食。当鲸鱼意识到自己大限将至的时候，就会冲上海滩——这总比被生吃要好。防御策略将帮助市场领导者远离熙攘的海滩，而其他人正打算躺在那里静待死亡。

鲸鱼是一种奇妙的生物，它们在海洋生态系统中扮演着重要的角色。同时，它们也是鲨鱼最大的猎物。在商界，庞大的鲸鱼就是巨大的市场领导者，它们营养丰富，拥有鲜嫩多汁的市场份额。

市场冲上海滩的时候到了。

上述情况并非对所有人都适用，但是对于那些停滞不前的市场领导者而言，确是如此。事实上，许多市场领导者要么原地踏步，要么每走一步都让人一猜即中，因此很容易成为攻击的目标。俗话说：“爬得越高，摔得越惨。”如今，这句话仍然适用。如果不想摔跤，市场领导者就必须提高自己的市场防御技能。

为何微软不得不提高自己的防御技能

不久前，微软还是一只超越所有竞争对手的鲨鱼。网景浏览器（Netscape）迅速扩张的时候，微软带着 Explorer 杀入市场，掀起腥风血雨。Cnet. com 的斯蒂芬·桑克兰曾说："网景曾是令万维网开始发挥作用的关键……它增加了该计算环境与 Windows 抗衡的可能性，令微软心惊胆战。但是微软借助 Explorer 发起反击，赢回了占市场主导地位的网景手中的市场份额。"

微软在其成功狩猎时代的早期招募了许多超级人才，因此很容易就成了市场上的顶级掠食者。但是最终，洋流转向。今天的微软正在逆流而上，用解决方案和品牌对抗强大的阻力。为什么？我们生活在透明市场之中，"开源代码"文化是对它最恰当的描述。这种文化于微软不利。规模庞大通常意味着难以适应变化，尤其是在变化的速度超出公司适应范围的时候。但是有时，这些实力强大的公司会形成一种不愿适应变化的企业文化（漠视就能产生这种效果）。

在如今的致命水域中，即便是像微软这样的市场领导者也不得不提高自身的防御技能，除此之外别无选择，除非它想在竞争的号角吹响时，犹如鲸鱼尸体般被活生生地吃掉。开源代码革命之初，微软试图用纯粹的漠视与傲慢来捍卫其市场份额，结果事与愿违。物换星移，市场领导者的实力究竟有多强大并不重要。他们需要改变解决方案的方向，顺潮流而动，前往市场所指引的地方。如果不这样做，终将被困于海滩之上。这就是微软转而开放源代码的原因，也是它收购 Skype 的原因。后者具有消费者力量的味道，微软迫切地需要将这股力量加入自己的公司 DNA 中，并在其所在海域生存下来。微软当时的首席执行官史蒂夫·鲍尔默承认：“Skype 是一款现象级服务软件，深受全球数百万人的喜爱。”看起来微软可能会在不久的将来停止 Skype 业务，但是这个解决方案将在其他供应商，如 WhatsApp、微信、韦伯 Viber 和 Zoom 中继续使用。事实上，如今还有哪款应用程序不具备拨打电话的功能？

微软需要回答的问题是谁会喜爱微软？如果无须为这种喜爱付出代价便能回答这个问题，微软就能将追随者纳入自己的防御体系。金钱无法买到的东西（如员工与消费者的忠诚度）往往代表着良好的防御。只要竞争对手不联手对抗微软，或是壮大到足以发动攻击的程度，微软就相当安全。可是这种情况迟早会发生，因此，它必须不断发展自己的防御技能。

在自然界中求生存，犹如时刻走在钢丝之上

在自然界，适应性并非一种选择。要么表现出色，要么葬身鱼腹。在这种环境下生活可能会有一些压力，可即便如

此，鲨鱼也总能表现出极为镇定的模样。感受到压力之后，你也许会释放出某种信号，向别人宣告你不堪一击。即使对鲨鱼来说，形象也代表了一切。

为什么鲨鱼爵士总在寻找停滞不前的市场领导者

理查德·布兰森爵士始终在全球海洋市场中寻找容易攻击的市场领导者并向他们发起攻击。起初，体型巨大的“鲸鱼”并不相信这位鲨鱼爵士有能力攻击或是围杀自己。吃过苦头之后，他们才幡然醒悟，只要“维京鲨”的红色背鳍一出现，就要拼命向前游动。一些市场领导者极其害怕布兰森不按常理出牌的攻击，他们甚至会丢下自己的领地，直接冲上海滩。为什么？因为布兰森的攻击史就是一个个血淋淋的故事，这为“维京鲨”攻占新领地提供了助力。这种凶残的名声提供了强大的防御力量，因为害怕“维京鲨”的反击，其他人根本不敢发动突击。

动作太慢的人直接将自己送上了掠食者的菜单。

大自然的导航系统以运动为基础

在林间漫步时，你可以听到风声与鸟鸣。每迈出一步，声音就会转向。这是大自然为动物王国创造的全球定位系统（GPS）。走的步数越多，环境就越能根据周围的变化更新你的

GPS。如果四周突然陷入一片寂静，它就会向你发出警告信号，暗示你周围存在潜在的威胁。

想象一下，假设你拥有鲨鱼般出众的感官。当你在海中巡游，感知洋流、海水与电磁场的变化时，你可以在刹那间捕捉到提示威胁逼近的各种警告信号。通过比较内部 GPS 触点位置的数据，你可以形成关于这个潜在威胁的三维图像。这将有助于你更好地了解追捕你的究竟是什么，以及应该如何逃离它的攻击范围。

鲨鱼喜欢高效出击，它们可以利用大数据识别并攻击猎物；企业也可以通过这种方式建立防御体系。

市场领导者在巡游时用到的接触点往往数量过少。如果有更多资源来制作三维图像，就能找到逃脱或保护自己的方法。

控制心跳，以免陷入大麻烦

攻击逼近时，只有控制好公司的心跳，才能实施良好的防御措施，避免触发掠食者的攻击本能。时任瑞典银行首席执行官的迈克尔·沃尔夫在接受我的采访时提到，通过企业内部博客与员工对话的做法至关重要，这是加强公司文化、保持员工冷静、提高其绩效与忠诚度的绝佳方式。社交媒体是发送内部信息的强大工具，在加强抵御外部攻击方面发挥着重要作用。

03 让别人去散布消息

电影《大白鲨》引发了广泛的恐惧，以至于人们宁可选择在泳池里游泳。影片中有一个场景最能散布恐惧：沉闷的心跳。如今，人们仍然用它来体现恐惧或是迫在眉睫的威胁。

早在1975年，《大白鲨》将全世界数百万观众吓得惊声尖叫的时候，3D技术或是THX这类高级音响系统还未出现。剧组只拥有一群如同所有生物那般具备求生本能的观众。生存本能会向感官发出恐惧的信号，其速度比任何3D系统都要快。通过将不断逼近的鲨鱼与一种独特的声音联系在一起，制作人甚至根本不必让鲨鱼出现在大屏幕上就能在观众之间散布恐惧和恐慌。他们仅仅营造了一个环境，让我们的生存本能直面被潜在掠食者活生生吃掉的威胁，就按下了观众心中的“恐惧按钮”。

《大白鲨》如同早期的精神控制一般，通过操纵性手段说服我们感受真正的恐惧。《大白鲨》的导演史蒂文·斯皮尔伯格在没有借助3D或THX技术的情况下，仅凭塑胶鲨鱼模型

(这只鲨鱼名叫布鲁斯，以斯皮尔伯格的律师的名字命名)①便激发了人们的恐惧。

后来，斯皮尔伯格说，如果没有约翰·汤纳·威廉姆斯创作的配乐，《大白鲨》的成功就会折半。从市场防御者的角度想象一下，你会在今天散布怎样的恐惧？1975 年时，还没有网络、YouTube 或是任何社交媒体工具可以传播信息。恐惧是一种自然的生存本能，可以帮助你保持与掠食者之间的安全距离。

每当潜在掠食者靠近时，都要让它发自内心地感到恐惧。

掠食者对反击的恐惧源于他们对猎物能力的认知

《大白鲨》吓坏了全世界的人们。我们都害怕影片中的鲨鱼，即便没有几个人真正见过鲨鱼。恐惧让我们相信那些仅存在于我们头脑中的东西。恐怖电影以人们内心的恐惧按钮为基础，讲述能让人起一身鸡皮疙瘩的故事。这种恐惧的感觉绝对没有我们想象中那样强烈。但是由于所有食肉动物都有强烈的生存本能，恐惧也可以成为一种强有力的防御武器。

---

① Neil Smith. Article：Shark Tale that Changed Hollywood（Bbc. co. uk，June 3，2005）.

让他们为每次攻击付出最大的代价

饥肠辘辘的掠食者会在寻找食物的时候观察潜在猎物，然后就像我们看着菜单点菜那样做出选择。我们会将每一道菜与其价格进行比较。如果掠食者认为你的价格太高，就会转而选择菜单上的其他选项，甚至转至他处。

象鼻海豹体重超过三吨，它们力大无穷、牙齿尖利，不仅可以成功自保，据说有时还能将鲨鱼吃进肚里。很多时候，象鼻海豹的反击会在鲨鱼身上留下明显的伤痕。这就让原本的攻击者——鲨鱼变成了一块证实其防御能力强大的广告牌。放走攻击者，这样他们就更容易传播有关你防御能力的信息。总的来说，这将阻止其他攻击者将你当成唾手可得的便宜午餐。

鲨鱼不是疯狂的杀手，它们不会无缘无故杀人，猎杀只是为了饱腹。攻击某个猎物需要消耗的精力越多或是面临的风险越大，它们就越有可能转而寻找其他猎物。这也是鲨鱼更喜欢年幼海豹的部分原因。这些海豹经验较少，尚未理解自己面临的风险，因此也更愿意冒更大的风险。穿着打扮、行为举止都应老成一些，这样掠食者就不会将你当作它们的首选目标。

团队合作是一种强大的防御手段

如果想让鲨鱼知道攻击会为其带来麻烦，一个有效的方法就是采取团队合作。鲨鱼很清楚如果攻击动物群（团队），遭到其他成员反击的风险就会增大。举报者就像是在线声呐系统。维基解密之类的举报组织已经证明，信息的力量可以影响并激发变革。世界上有超过 4 亿个博客[①]，每个博客都可以发挥举报者的作用，警告你掠食者已经离你很近了。

如果觉得自己的市场防御能力不够强大，市场领导者可以像海中的小鱼那样聚成一群，这样就会显得更大、更强。网络是实现这一点的有效途径。飞车党的夹克上都印着统一的徽章，借此暗示他人：要是你敢攻击我，其他人就会把你当成寿司，一口吞入腹中。

---

① Wordpress. com Article：How many people are reading blogs?（March 2019）. https：//wordpress. com/activity/.

04 受袭击时不要恐慌

试咬之后，攻击还未结束。攻击者只是在等待你降价，然后发起最后的“咬杀”（通常称为鲨鱼的“抛饵等鱼上钩”策略）。要做好准备，但是千万不要惊慌——控制好你的核心业务，游到别人无法触及的地方。

咬了一口就是咬了一口，与鲨鱼的体型大小没有关系。试咬本身未必是坏消息，可是如果鲜血在海中散开，可就大事不妙了。

> “信息犯罪若是浮出水面，就一定是发生了一些极端的事情。如果确是如此，其结果往往颇具启示性。”
>
> ——史蒂芬·列维特、史蒂芬·都伯纳，《魔鬼经济学》

离开对方的攻击范围

如果身处鲨鱼出没的水域，就必须接受自己是其菜单上的一道菜这个事实。身处市场之中是要付出代价的；领地上的钱越多，引来的鲨鱼也就越多。鲨鱼撕咬的每一口都表明你拥有值得捍卫的东西。

市场领导者可以鼓励小型竞争对手进入自己所在的市场领域（例如，降低分销壁垒），以此测试自己的防御能力。这也将加速他们学习防御的进程。保持警觉的企业能够做好更妥善的准备，远离掠食者的攻击范围。

利用诱饵保卫领地

澳大利亚猎鲨人维克·希斯洛普用一种十分有效但却饱受争议的技术来捕猎鲨鱼，并因此创造了捕获大白鲨数量的世界纪录。希斯洛普将一条活鲨拴在一只漂浮的油桶上。即便如此，这条饵鲨还是有能力攻击任何体型比自己小的生物，可是一旦遇上体型更大的鲨鱼，它就无计可施了。如果想要捕捉大型鲨鱼，这是一种残忍却有效的方法。

这种有效的防御战略可以转化为商业战略。在核心业务周围放置“饵鲨”，然后将它们拴在漂浮的油桶上。只有体型硕大、足以真正威胁到你在某领域领导地位的鲨鱼，才能让油桶移动。与此同时，你还可以继续关注自己的猎场。在危险水域，你需要在领地周围建立起积极的防线。这个商业诱饵可以是小型但忠诚的 B2B 或 B2C 关系，如果他们的生存与你的性命紧密相连时便尤其如此。通常，市场领导者会参与此类初创企业，但这并不意味着他们可以永远静止不动——即使防御做得再好，目标始终都是目标。

希斯洛普对自己战利品中的一条鲨鱼赞不绝口："我打算把它冷冻起来，然后放在鲨鱼博物馆展出。"① 对于那些希望在总部门口展示其防御能力的市场领导者来说，这不失为一个好主意。希斯洛普开始他的猎鲨生涯时，人们尚未高度重视鲨鱼；今天，我们更加重视和尊重自然资源，而不是仅仅想将它们收进博物馆中。

如今，捕杀鲨鱼的行为已经引发了巨大的争议，脸书（Facebook）上甚至出现了反对希斯洛普的小组。除了马丁·班纳德的评论之外，本书没有一一引用这些评论。他说，"我们自海洋进化而来，鲨鱼应留在海洋之中"。②

让你的领地看起来不那么具有吸引力

"只要水里有食物，鲨鱼就不会停止进食。"（摘自电影《大白鲨》）削减领地内食物的数量，自然就会降低它对掠食者的吸引力。鲨鱼不会留下来等着饿死。

降低你所在地区商品或服务的价格，可以在该业务领域获利的掠食者的数量就会减少。沃尔玛、家乐福、乐购、

① Richard Shears. Article: You'll Never Guess What I Caught Today: The giant hammerhead shark hauled from the deep (Dailymail. co. uk, April 16, 2010).

② Martin Bannard (Facebook. com, April 29, 2011).

H&M、Topshop、万得城（Media Market）等公司都将这项防御技巧运用得炉火纯青。它们都降低了商品售价，从而有效遏制了竞争。本地市场领导者通常无力与跨国企业竞争（不过，即使是最强大的全球企业也是由本地慢慢发展起来的）。跨国企业经得起上千次撕咬，即使血流不止，它们依然能够活下来。

本地市场领导者总有办法保护自己的市场不受跨国企业的攻击。麦当劳在瑞典碰了一鼻子灰。当它发现瑞典消费者更偏爱当地的麦斯汉堡时，终于明白了这一点。在瑞典某地，这家全球最大的汉堡店竟然无法战胜挣扎求生的本土英雄。这个奋力挣扎的小品牌现在已经发展成为瑞典国内的市场领导者，终有一天会游向世界。麦当劳吸取教训的速度太慢，因而丢掉了市场份额。

05 找到自己的盲区

财富500强中至少存在500个盲区。这些市场领导者端坐在总部的大厦之中，根本看不到自己的盲区。他们距离市场越远，就越脆弱。千万不要自找麻烦。在为时已晚前，应对企业进行测试并且教会它如何适应。

强大的市场领导者总会面临繁文缛节和内部政策拖慢进化速度的风险。一旦出现这种情况，它们的周身就会散发出猎物的味道。企业可以利用对手的攻击（及潜在攻击）帮助自己将弱点转化为更坚固的市场防御措施，而不是让漠视危机的态度在内部蔓延开来。无论将要面对怎样的攻击，企业都能从中吸取经验教训，找到积极的方面帮助其加强防御。

离开G形进攻，进入G形防御，对“死亡之环”做出反击

掠食者围着猎物打转时，目标是找到猎物的盲区。对猎物来说，与其在市场中停步不前，不如在为时已晚之前尝试瓦解攻击者的模式。这与攻击者体型的大小无关。每个攻击

者都存在可能被人咬掉的脆弱部分（例如，攻击其核心业务）。

（a）你应该迅速逃离　　（b）进入“死亡之环”

图3　攻击者采取G形战术发动进攻时

通常，攻击者首先会在猎物周围游动，目的是不被发现。只要干扰掠食者的游动模式，离开其攻击范围［见图3（a）］，就能脱险。随后转身（形成“死亡之环”），猎物就有可能对攻击者展开反击［见图3（b）］。如果攻击者自以为行踪隐秘，而事实上你早已发现它的时候，那么G2G（G形攻击转为G形防御）效果最好。

将盲区租给防御者

宜家开设新门店的时候不会承租店面。相反，它会自己购买土地，用其中的一部分来建造自己的商店，并将剩余的土地出租给其他零售商。这些人愿意支付租金，进入宜家的猎场。他们不是宜家的竞争对手。由于宜家可以吸引大量消费者，这些零售商会忠诚地捍卫宜家的领地。只要有营养丰富的消费者可以享用，这些零售商就会保持最大的忠诚度。谁说良好的防御无利可图？宜家正在快步迈入数字化。他们将猎场上的防御策略延伸到数字战场，同样可以建立起强大的数字防御措施。

将弱点外包出去

每个市场领导者周围都有一个在 B2B 关系中运转的供应商生态系统。一些市场领导者没有动用自己一分一毫的资源，便已围绕其市场份额建立起了强大的防御机制。鲨鱼将自己的弱点外包给其他鱼类，以保持自身清洁，免受疾病的侵害。这些鱼类可以帮助鲨鱼保持健康。苹果公司也采取了同样的策略。其他品牌以苹果公司的产品为核心，为其提供部分解决方案：肯辛通（Kensington）为 iPad 制造键盘；哈曼卡顿（Harman/Kardon）制造扬声器；贝尔金（Belkin）为 iPhone、iPad 和 iPod 制造产品；罗技也充分利用了苹果公司提供的每一个机会。

宜家也将自己的弱点外包给了其他“鱼类”：瑞典部分厂商为其提供独特的家具解决方案和产品，以补充宜家产品系列不足的问题；Bemz 为宜家沙发制作沙发套，使其设计更显多样化，消费者也能有更多选择。

并非所有消费者都希望或有时间运输、组装自己购买的宜家家具，因此宜家将这项服务外包给了当地供应商（否则，消费者可能会选择购买宜家的竞争对手及其组装好的家具）。

上述供应商并不是威胁，相反，他们给市场领导者提供了力量和支持。他们也起到了具有感召力的研发部门的作用。

只要这些供应商经营业务的方式有利于市场领导者，他们就可以作为市场领导者外包弱点，从而加强防御的手段。正如鲨鱼会让其他鱼类为它们提供保护、清除问题一样，这些供应商弥补了市场领导者的弱点并掩盖了他们的盲区。

出租鲨鱼

正如市场领导者聘请我来探测他们的盲区一样，他们也可以聘请鲨鱼来保护他们的弱点。如果麦当劳和当地鲨鱼联手与瑞典的麦斯汉堡展开竞争，本可以成功减缓攻击者的发展速度。由于大型企业难以快速适应市场变化，有时，“鲨鱼出租”会显得合情合理。奖励其他鲨鱼来保护你的领地，你就有足够的时间开发防御技能，保护你的盲区和弱点。如果这些鲨鱼在保卫你的领地时失手被杀，至少它们的胃容物也能揭示出你所面临的威胁，这不失为传统市场调研数据的优秀替代物。如果当初麦当劳租用了鲨鱼，也许就能避免将大量时间浪费在研发最终消费者勉强接受的产品上。

06 进军新市场时，不要过早发布新闻

商场之中，竞争对手的行动方式就犹如鲨鱼。哪怕水中只滴入了一滴鲜血，他们依然能够敏锐地感知到，新闻稿能够产生的效果远不止一滴血而已。要不了多久，竞争对手就会涌入新市场。苹果公司大肆报道 iPad 所取得的成功时，就犹如向海中倾倒鲜血，吸引饥肠辘辘的竞争对手进入苹果公司新近拓展的领域，将原本有利可图的猎场变成了鲨鱼出没的致命水域。

腥气扑鼻的领地只会招来麻烦

如果领地内的市场领导者为不多，竞争就不会太过激烈。鲨鱼无法抗拒如腐肉般漂浮在水中的市场份额和潜在利润散发出的气味。

市场领导者往往觉得自己能永远屹立不倒，因此根本看不到潜伏在水面之下的威胁。只要费心瞟一眼水下，就能发现有个影子正悄无声息地在他们周围游动。它动作优雅，不断学习与开发自己的技能。音乐产业早该在苹果公司发动攻势前就发现它正在绕着自己打转。

邦·乔维之类的音乐明星在控诉苹果公司如何扼杀音乐产业的时候，实际上只是指出了一个事实，即苹果音乐、iTunes 及其公司已经进入了自己的猎场。游戏规则一旦改变，你就不得不进行创新。因此，除音乐外，邦·乔维还通过 Bonjovi. com 开发出了更广泛的商品销售线。他直接与粉丝在线对话，以此增强对市场的掌控。会员套餐与后台访问等在线优惠措施使得粉丝十分愿意登录他的网站，将他们对乔维的钦佩之情转化成现金。

大餐开始之前再发布新闻稿

防御措施足够坚固的时候，才适合发布新闻稿（身处商场，这种做法就犹如撒饵诱鲨）。如果你已经在领地上建立起了良好的防御体系（以增加获取资源的难度），往水中倾倒血液就是一个好主意。因为你永远也无法知道，这些鲜血会引来怎样的掠食者，所以与市场上可以帮助你保护领地的鲨鱼保持密切联系就显得至关重要。但是一定要让你的盟友知道，你正在邀请竞争对手进入你的领地。

如果苹果公司在往水中倾倒血液之前做好了万全的准备，就能确保 iPad 在全球范围内的销售、生产和分销不受影响，这样无论是摩托罗拉、LG 还是三星都没有机会进入市场。

> 数字化正在把“上市时间”这个词变成“咬上一口”。

07 如果附近有更易攻击的目标，鲨鱼就不会袭击你

鲨鱼偏爱肉质鲜美、营养丰富的猎物。如果有朋友邀请你一同下海潜水，一定要确保这位朋友比你更加肥美。

在电影《大白鲨2》中，潜水教练对着潜水员们大喊："让我们结伴跳下去吧。"当时他们并不知道，大白鲨就潜伏在船下。如果同伴更显肥美，潜水员成功防御的胜算就更高。运气的好坏取决于你所选择的同伴。做生意也是如此。

为何史蒂夫·乔布斯的运气比别人好

提到在恰当的时间做正确的事情，鲜有能像传奇人物史蒂夫·乔布斯那样出色的决策者。乔布斯能以他人无法想象的方式连点成线。他拥有一种神奇的能力，知道什么方式有效，什么方式无效。这种直觉并非建立在纯粹的运气之上；其中一部分源自乔布斯在分析苹果公司所处水域及周边几乎所有事物时获得的感知力。乔布斯不仅能把现在的事情联系起来，还能把历史与未来联系在一起。

“你无法预先将点点滴滴串联起来；只有在未来回顾的时候，才能发现它们是如何串联在一起的。”

——史蒂夫·乔布斯，2005 年 6 月 14 日在斯坦福大学的演讲

如今，许多决策者在决策时依据的事实往往太少，而且也没有充分注意到周围发生的事情。然而，史蒂夫·乔布斯是一个完美主义者，但凡进入他神奇的声呐系统的事实，都是他制定决策时的依据。商界领袖需要开发这样的声呐系统，并将其纳入防御系统。这样一来，他们不仅可以将这些点串联起来，还可以在竞争对手尚未弄清到底发生了什么之前对这些点进行攻击并且吃掉它们。

内部掠夺性争斗

不妨试试在游泳池里大喊一声“鲨鱼！”可能没人会理会你，因为漠视风险让人觉得更加舒服。在这个泳池中放入一条鲨鱼。一周后再回来。这时，只要轻轻说一声“鲨鱼”，就足以让人们奔逃上岸了。所有大型组织中都存在围绕着预算、权力，有时甚至是为了面子而展开的内部斗争。这些争斗与外部的鲨鱼攻击一样致命。从本质上来说，赢得内部掠夺性斗争胜利的方式与外部战斗无异。两者之间的主要区别在于：内部争斗的基础是企业文化、氛围和政策。官僚作风是影响

内部运作的一大杀手。利用这些变量将别人变成攻击目标。

利用社交媒体诱导攻击者

对鲨鱼来说，海水能见度差是一种优势，因为它们拥有更为优越的感官。社交媒体就犹如声呐系统，猎人可以借此寻找猎物。通过发送示好的信号，你可以让鲨鱼通过声呐系统锁定在你的竞争对手身上。这样一来，就可以将社交媒体当作餐馆中提供同类食材的菜单。只要鲨鱼无法在社交媒体提供的菜单上找到你，你就安全了。标记出竞争对手的下一步行动，使他们成为其他掠食者轻松可得的大餐。脸书（Facebook）、照片墙（Insgram）、领英等社交媒体平台都是完美的防御工具，你可以利用它们将其他人加入掠食者的菜单之中。

在脸书上介绍营养丰富的朋友

鲨鱼更喜欢肉质肥美的猎物，因此你可以在朋友墙上介绍你那营养丰富的竞争对手。一定要在脸书中贴上这位朋友的照片。但是千万别让别人认为你只是一位塑料朋友。相反，你要表现得十分友善，仿佛只是“偶然发现”了这条信息——例如，你的朋友“正在减肥”。鲨鱼很擅长帮助你解决这方面的问题。

08 不要表现得像是个受害者

市场领导者往往声称自己采用了最先进的防御措施，可最后却发现自己在水中血流不止。糟糕的防御会招致鲨鱼的进攻。如果表现得如同受害者一般，即使是最强大的动物也会被掠食者列入捕食菜单之中。

如果还没磨尖牙齿、巩固防御技能，就别去满是鲨鱼食物的市场游泳。在什么会引发鲨鱼攻击这件事上，许多曾经遭遇鲨鱼袭击的受害者丝毫没有头绪，或者说他们掌握的信息是完全错误的。一条重要的原则就是：有些咨询顾问自称是前鲨鱼专家或者他们的潜水设备曾被鲨鱼撕成碎片，千万不要听信这些家伙的建议，因为也许他们曾被鲨鱼当成了食物。

优秀的团队一定拥有强大的防御力

商场之中满是声名远播的攻击者。他们在企业中的角色主要就是推翻世界各地的市场领导者。基本上，如果只埋头关注一个维度，很容易就会在自己的防御中形成盲区，因而很容易遭到攻击。在体育界，伟大的球队全都具备强劲的防守实力。市场领导者可以从这些队伍里学到很多东西，用于平衡他们的商业成果。

查看你的防守记分牌

隶属于美国曲棍球联合会的圣何塞鲨鱼队通过其网站 www. sanjosesharks. com 建立起了强大的团队防御文化，给予了前锋和防守队员同等的重要性。圣何塞鲨鱼队还邀请粉丝在网站专设的粉丝区与社区中大展身手，让他们觉得自己也是队伍的一分子。内部团结，外部凝聚，这种氛围激发了所有人的忠诚之心。www. fearthefin. com 和 www. arcticicehockey. com 之类的粉丝网站也为其防御文化提供了助力。粉丝在“鲨鱼队的防守很糟糕吗?”① 之类的文章中对鲨鱼队进行了方方面面的分析。如今的市场领导者还要时刻查看自己的防守记分牌，分析自己所带领的队伍是否算得上防守领域的赢家。

内部忠诚度低会迫使市场领导者自杀

鲨鱼无时无刻不在游动，可是工作积极性不高的员工绝对做不到这一点。相反，他们最终会表现得如同受害者一般，

---

① Hawerchuk. Article: Is the Sharks Defense Bad? (Arcticicehockey. com, January 5, 2011).

通过惩罚消费者和客户来制造麻烦。但是这种忠诚度并不总像听起来那样具有破坏性。忠诚但却绝望的员工有时会将其作为一种防御反射，以此证明变革势在必行。这是他们将血液倒入水中，引来掠食者试咬的方式；这是引诱管理层在公司受到外部攻击前便解决问题，以免为时过晚的内部方式。谁说制造麻烦不是催生变革管理的有效方式呢？

> 动机是纯粹的力量，激烈的竞争可以赋予人们这种力量。

与强者打交道，向最优秀的人学习

当今最强大的市场领导者正在做一些正确的事情。加入美国曲棍球联合会意味着你能与最优秀的球队同场竞技。如果没有专业级水平，圣何塞鲨鱼队就没有资格进入美国曲棍球联合会的联赛。喜欢参与行业最高级别竞争的市场领导者需要找到凶狠的大型掠食者来测试自己的防御能力，同时学习他们的先进经验。

内置英特尔如何在外部建立强大防御

捍卫领土需要力量和资源。一个有效的方法就是将你的防御工事外包给其他市场领导者。设立共同目标可以激励他们对你进行保护（给他们一个充足的理由，他们就会这样做）。

在计算机市场上，内置英特尔这个品牌正在帮助较弱的品牌变得更加强大，并且拥有与所在领域最强者竞争的实力。就连强大的谷歌也在使用这种“内置防御策略”。它为三星、HTC 和其他公司提供安卓软件，从而向移动通信市场这片致命水域进发。

英特尔和安卓都已经凭借自身力量，成长为强大的企业。它们可以轻松走出“内置”环境，向外界发起进攻。

09 进攻就是最好的防御

猎物和掠食者共享一片水域。因此，相遇是早晚的事。一旦发生这种情况，最好能够先发制人，占得先机。

迈出攻击的第一步时，要在速度、技能、资源和技术，或是任何能为你创造价值的事情上保持优势，这一点十分重要。此外，时机也至关重要，如果它能与任何形式的市场变化相结合，或是与你所在地区或周围环境中的趋势相结合，便尤为如此。重大市场变化——如经济衰退、企业合并/融合、所有权变更、激进的技术变革（如人工智能和智慧城市）、法律和政治变革——都会鼓励掠食者承担更大风险，发动更多进攻。市场领导者应该利用这些变化保卫领地、拓展业务。

带着优越感狠狠咬下去

透明市场中，原创品牌是能够实现最多收益的品牌。如果市场环境日益艰难，市场领导者需要以极其严肃的态度和坚定不移的意图捍卫自己的产品/服务。拥有品牌的合法权利或专利权已经不足以吓跑潜在的掠食者。这反倒可能变成诱使他们前来享用美食的导火索。市场领导者需要通过创新来加速发展。速度不仅是跟上竞争的必要条件，也能在你和掠食者之间建造一道距离铸就的屏障。因此，攻击者需要耗费更多精力才能追上你，他们为此消耗的能量远超他们能从试咬市场份额中获得的收益。记住：掠食者不喜欢花大力气换回少许收获。

像掠食者那样行动

掠食者之间订有君子协定：彼此不会互相攻击或杀死对方。此类协定具有实际意义。掠食者不想自找麻烦，只想搜寻食物。作为市场领导者，你可以把自己伪装成掠食者，随后利用这份协定。效仿掠食者的做法：将办公室设在上曼哈顿区；公开与顶级公司律师共进午餐；身穿权力套装①等。伪装成掠食者四处游走，装作有能力杀死最强者的模样。这样一来，大多数掠食者都不会再来骚扰你。

市场领导者应该使用在线社交媒体

一开始，掠食者通常会从安全距离之外研究猎物。这样，他们就能判断市场领导者究竟是威胁还是唾手可得的大餐。

---

① 乔治·阿玛尼设计的强调宽肩的套装西装。（译者注）

他们会通过社交媒体进行研究，然后逐渐靠近，最后登录市场领导者的网站。市场领导者同样可以通过社交媒体抵御潜在的掠食者。在网站上张贴（带有强烈警告意味）案例研究，展示你是如何击退之前的市场份额觊觎者，或是有关参与市场竞争所需的投资水平，或是暗示掠食者失败之后将付出怎样的代价。

微笑是很好的防御

最后，微笑也是一种防御方式，不要低估它的力量。掠食者在攻击时最不希望看到的就是猎物的微笑。遭遇攻击时，一定要在掠食者面前保持冷静、从容和自信，这一点至关重要。此外，不要流露出恐惧。对掠食者来说，微笑、自信、无所畏惧的猎物不再是一顿易得的午餐，他们更有可能转向去别处寻找食物。

10 三十六计，走为上策

不论付出什么代价，都不要让自己处于掠食者攻击清单的首位。如果你位列财富500强，就更要隐藏自己的行踪。绝对不要成为掠食者的首选。让他们在想到你之前，先去攻击苹果、谷歌、奥迪和其他497位市场领导者。即使你不在财富500强的名单里，也一定在其他攻击清单之中。

创新是逃脱或离开攻击距离的好办法。它可以让尾随你的掠食者无法发现你的盲区，大开杀戒。换句话说，泳技高超绝对不是件坏事。

良好的防御有赖于知识和不断探寻自己的弱点。下面的清单将有助于增强你对潜在威胁和攻击者的意识。重点是预防攻击，防止步入漠视危机的阶段。

如何找到更多关于攻击者的信息

1. 上网。

2. 搜索财富500强。如同研究菜单一般阅读相关信息，研究并且学习它们的防御之道。

3. 从菜单上挑选潜在攻击者，学习它们的防御方式。

4. 利用《鲨鱼经济学 2》提供的防御清单（见下文），从第一步开始构建防御工事。

5. 始终不要忘记，即使已经成功抵御了一个强大攻击者的进攻，依然还有许多攻击者需要防备。

《鲨鱼经济学》防御清单

1. 遭遇攻击之前先制定防御战略。

2. 如果附近有更容易攻击的目标，鲨鱼就不会袭击你。

3. G 形防御——练习逃跑步骤。

4. 练习“死亡之环”。

5. 找到盲区，加以保护——转移弱点，防御盔甲会变得更加坚硬。

6. 与强大的防御者建立联盟。

7. 时机是成功防御的关键。

8. 不出击就会死。

9. 撕咬攻击者时，始终保持好奇心与愉快的心情。

你要防御的十大潜在攻击者是谁？

1.

2.

3.

4.

5.

6.

7.

8.

9.

10.

继续前进，抵御其他攻击者。

你最大的盲区是什么?

1.

2.

3.

4.

5.

6.

7.

8.

9.

10.

不要局限于清单所列的思想，永远不要停滞不前。

想要了解更多避免攻击、不断更新的方法，请访问 www. Sharkonomics. com.

第三部分

五招优化鲨鱼经济学

导言：阅读、游动、用力撕咬

《鲨鱼经济学》出版之后，我走遍世界，为大大小小的公司举办讲座，因此找到了各个机构适应变化的模式（初次被咬之后，所有公司似乎都迅速行动了起来）。在数字化时代，许多公司化身“具有破坏性的鲨鱼”，撕咬“一切照旧”式的企业，因而迅速发展起来。此外，像亚马逊、微信、阿里巴巴、联合办公和爱彼迎之类的公司不仅用力撕咬对手，而且还能在全球范围内游走。它们丝毫不惧地域限制；将互联网视作海洋，穿行于世界之间。然而，变革不仅限于数字化，也包括不断前进。

本部分重点介绍了五项要素。它们是我在世界各地讲授“鲨鱼经济学”、与商业领袖交谈并且总结讲座反馈之后的收获，旨在帮助你优化鲨鱼经济学战略。自然界中的鲨鱼永远也不会停下更新和改进的脚步，企业也必须学会这一点。如果能拥有数字化公司所具备的机会，鲨鱼一定十分乐意。

01 心宽体胖 vs. 数字化或死亡

“心宽体胖”这句老话基本上代表着人类的思维方式。如果一切顺利，我们就会很自然、舒服地坐下，养精蓄锐。这种心态往往会让经理和高管觉得自己可以站着不动（或者去打高尔夫)。事实上，太多的公司在整整一代人的时间里一直保持着“心宽体胖”的模式——直到突然被数字化击中。今天，所有人都列在变革（或死亡）的菜单之上。由于鲨鱼天生就是极其高效的掠食者，它们会寻找肉质丰满、容易得手的猎物——换句话说，就是在数字化进程中处于弱势的老牌企业和大型企业。格外有趣的是，就撕咬的力度而言，小鲨鱼丝毫不逊色于大鲨鱼。在数字化世界里，企业很容易发展壮大，走向全球。较之“不出击就会死”“不数字化就会死”与今天的关联正在变得日益紧密。

“许多老牌机构很快就会消亡（如果它们还存在的话）。”

——阿米尔·萨松特教授，

挪威商业学院教务长、副院长

“瑞典专家揭示谷歌和微软将如何突袭这个庞大的传统产业。”这是《商业内幕》采访我之后，在其平台上刊发的一篇文章的标题。我在其中谈到了最古老的行业之一——建筑业，并提供了很多证据证明，这个行业正在遭受攻击，它无法否认正在发生的变革。我原以为建筑界人士会对我表示不满，可他们却邀请我做了一场有关建筑业应如何适应变革（而不是成为鲨鱼口中餐）的讲座。这也是有史以来第一次，有朋友严肃地建议我带着保镖前往讲座现场。好在我没有听他们的。讲座进行得很顺利，正因如此，建筑行业开始意识到改变不再是一种选择，而是一种必然。

我相信有些公司会开始适应变革，但是许多公司的悠久历史却成了阻挡它们向崭新未来迈出重要一步的绊脚石。一旦城市和社会实现了数字化（智慧城市），市场就会迅速扩大。也许建筑公司觉得自己正在建造金矿，可这只是一种意象；只有数字鲨鱼才能真正看到黄金。如果某个商业领域中满是鲜嫩多汁的猎物，就会引来其他饥肠辘辘的鲨鱼（多伦多的谷歌/Alphabet就是一个很好的例子，它正在城市之中创建一座副城市）。然而，智慧城市的发展速度如此之快，全球化程度如此之广，以至于没有一家公司能够独占市场，因为这种变化已经超越了商业范畴，开始对整个社会、政治、隐私和价值观产生影响。

我参加过很多大型数据研讨会，也与研究核心数据的极客们打成一片。我喜欢极客，我知道鲨鱼对他们的喜爱程度可以与声呐系统匹敌，这仅仅是因为极客和数据不仅能够揭示出何处存在猎物，而且在正确数据的帮助下，他们还能显示出明天新的猎食场在哪里。鲨鱼对花哨的东西兴趣不大，它们基本上只关心结果。挖掘核心数据与研究鲜美猎物并无差别——它可以让你活得更长久、更安全。

02 商业速度的价值

大多数公司说都自己一直在加速前进，从来也不曾停滞不前。然而，当我问他们发展速度究竟有多快或是如何进行测速的时候，他们却不知该如何回答。

下面这个问题可以帮助你测量并关注你的发展速度：

想一想周围正在发生的事情，与它相比，你的企业发展速度如何？

例如：Skype 和声田（Spotify）是它们所在领域的领头羊，但是现在竞争已经远远超过了它们。

因为太慢，所以太晚

仅仅认为自己相当于所处行业中的苹果公司是不够的，因为那只是一种感觉，而不是事实。我的问题主要是你周围的环境和竞争对手的速度究竟有多快。如果他们游得更快，那么你的好日子也就快要到头了。

被历史束缚会让你成为菜单上的美食

与我交谈过的公司领导人大多表示，他们被历史束缚住了手脚。有时，他们会要求我在这种模式下向他们发起挑战（我会在破冰环节询问他们担任企业“博物馆”馆长的滋味）。

寻找以不断变化为基础的模式（永远不要被历史所束缚）。下面这个问题可以激励你提高速度：

为什么静止不动就容易受到攻击？

下面的问题更加大胆，它可以帮助你关注速度与未来：

如何才能让员工不再考虑自己的薪水，而是专注于公司的未来？

鲨鱼一旦停止游动，最终就会沦为其他鲨鱼的食物；它们学的就是“不适应就会死”。鲨鱼不是杀人机器；事实上，它们是绝妙的学习机器。能够高速学习的人可以像鲨鱼那样一边适应环境变化，一边开怀进餐。跟随变革的脚步向前发展，否则你终将进入竞争对手的菜单。

假如理查德·布兰森或埃隆·马斯克成为贵公司的首席执行官，他们会做出怎样的改变

这个问题带来的结果令人惊讶。我将问题抛出之后，奇迹发生了。不出几秒钟，人人纷纷提出各种奇思妙想与解决方案。为什么？我想从孩提时代看完电影、读完童话之后，

我们就一直在等待能有一位英雄踩着五彩祥云来拯救我们。

然而，只要问对了问题，每个人的心中都住着一位英雄。既然人人都拥有潜在的魔力，为什么还要坐在那里干等传奇首席执行官的出现呢？

通常，在我提出这个问题之后，人们的脑海中会立刻涌现出一系列关于该做什么和不该做什么的绝妙想法。剩下的人则会异口同声地大笑。换句话说，对于那些不仅削弱了企业实力，而且实际上伤害甚至蚕食了公司的事情，人们其实知道得很清楚。我想说，企业中的许多员工都拥有丰富的知识，可企业却很少要求他们运用这些知识。由于员工往往更关心自己的薪水而不是帮助公司前进，他们不会选择去冒险。可是一旦提出了正确的问题，每个人都有可能成为理查德或是埃隆。那么，为什么不在下次的会议中提出一个正确的问题呢？如果理查德·布兰森或埃隆·马斯克成为贵公司的首席执行官，他们会做出怎样的改变？

作为特斯拉的首席执行官，你将做出怎样的改变

理查德·布兰森和埃隆·马斯克是商界的摇滚巨星。但是让我们面对现实吧，由于懒散，人们往往不愿竞争，因此只有站在行业最顶端的公司才是当今最好的公司。理查德和埃隆手下的公司都十分优秀，可是如果你能够更为用力地撕咬并向他们发起攻击，那么即便是你，也能将他们吞进腹中。

记住，鲨鱼会以同类为食。

他们两人能够非常高效地创造出足以登上头条的解决方案（他们的背鳍能够散布恐惧、引人钦佩）。然而，见过落在高速行驶的特斯拉汽车上为其充电的无人机吗？如果没有，还有什么是你未曾见过的？简而言之，所有行业都始终存有进步的空间。因此，作为维珍或特斯拉的首席执行官，你将做出怎样的改变？

咬苹果的技巧

1934 年，政府在旧金山附近的一座岛屿上修建起“铜墙铁壁”般的阿卡特兹监狱。成千上万名囚犯曾被关押在此处。如今，数百万人依赖网络联系彼此，通过电脑和手机获取信息——他们成了屏幕的囚徒。我们陷入了技术的囚笼。也许是时候越狱了。

创立一家鸭梨或橘子公司。

也曾有囚犯成功从阿卡特兹监狱逃脱，证明那里并非完全密不透风。因此，你也可以开始设计今天“屏幕监狱”的替代产品。Alexa 就是很好的例子。你可以撇开屏幕，通过它直接与技术对话。借助手机，我们很快就能与智能家居、电子商务、电子医生、电子银行等进行沟通。就辅助交流而言，声音很快会变得如同眼睛和手指一样强大。如果苹果公司还没有这样做，那么为什么不创立一家可以将人们解放出来的替代产品并称为鸭梨或是橘子呢?

如果三星能够运用《鲨鱼经济学》中的战略，它们或许就能更快学会咬苹果的技巧。

真的可以批评苹果吗

从财务上来看，苹果公司非常成功。他们能够盈利的一个原因就是客户别无选择——他们自愿融入苹果系统（从而成为其忠诚的囚徒）。然而，意料之外的忠诚创造出对自由的需求（扔掉一切屏幕，而不仅仅是苹果产品的屏幕）。

在2019年苹果公司的特别发布会上，他们终于加快速度，推进了创新的步伐。[①] 苹果公司在支付、新闻、游戏、电视等服务领域而非硬件上，为愿意额外支付费用的用户提供了更多选择。这一举措是苹果公司针对网飞等公司制订的盈利解决方案的攻击，这些解决方案已经在苹果应用商店取得了成功。实际上，苹果已经通过数十亿个屏幕建立了一个全球超市（购物始于苹果商店）。

从短期来看，这无疑是一个明智的举措，但是它很容易被复制。无法复制的是史蒂夫·乔布斯的基因。也许更独一

① Apple. com. Apple Special Event. https：//www. apple. com/appleevents/march－2019/.

无二的举措是创造一系列史蒂夫·乔布斯式的硬件产品，以示对这位传奇人物的尊重。我自己还有一些人确实购买了老款苹果产品，仅仅是因为它们仍然带有史蒂夫·乔布斯的基因。换句话说，它是真正的苹果产品。情感比服务更难复制。不知道苹果是否会称为“史蒂夫·乔布斯+”，但事实就是如此，这也是我和其他粉丝真正想要的产品。

03 潜入海中（水下藏着什么）

你怎么知道自己正在移动？当然不可能只盯着水面。不过，大多数商界人士都是这样做的。他们读着杂志标题，自我感觉良好。而且因为使用了最新的流行语，他们便觉得自己已经在比赛中领跑了。可是你知道吗？鲨鱼忙着探索水下的情况，根本不使用任何流行语。如果你能够找到别人看不见或是无法理解的东西，就可以采用史蒂夫·乔布斯式的行动方式，令人无法预测，远在竞争对手发现个中规律之前就将零散的点串联在一起。

水下可以获得怎样的见解

在水面上进行研究，得到的答案只能让你浮在水上。但是，如果想要了解什么正在接近水面，就必须潜入水中。另外，竞争对手往往只能看到你在水面上的动作（在如同海洋般广阔的盲区中，你可以自由移动）。

探索三个深度，用力咬住未来

我们将潜至三个深度进行探索：可见、可能、不可思议。听起来很简单，效果似乎也不错，但大多数人往往卡在了第一层。为什么？因为这一层既简单又舒适——这就是“眼不见心不烦”的态度。然而，即使你是市场领导者，长期逗留在这一层也会让你陷入被猎食的境地。水面之下潜伏着的是等待攻击的未来（现在的解决方案很快将成为历史）。不管怎么说，我们已经了解了太多令人胆战心惊的事实，现在直接开始介绍这三个层次吧。

1. 可见

如果看到鲨鱼的背鳍划破水面，那就为时晚矣。已经有太多公司正围绕着你周围发生的事情激烈竞争。如果鲨鱼认为攻击的损耗大于能够获得的能量，就不会发动攻击。过去，水面上的中国公司十分强大。然而如今，他们已经意识到，要想获得更大的市场份额，就需要潜入水下，寻找突破性创新和世界级品牌。未来，中国鲨鱼在各个商业领域的竞争力都将得到增强。

2. 可能

一旦发现鲨鱼的影子，就必须接受变革即将到来的事实。在这个阶段，你可以听到洋流运动的声音。然而，即使发生了变化，你也应该意识到，别人会在这个阶段咬住正在浮现的商机。但是你仍然有潜力比别人做得更好、更有创意。

3. 不可思议

潜入深海，看一看从水面观察不到的东西。深海之中，洋流正以不可思议的速度运动。顺流而下，抓住下一个趋势。只有主动寻找并且愿意接受，才能发现不可思议的事情。

奇怪的是，我发现一旦进入这一层，专家和经理就会开启漠视模式。原因从当前的商业模式会受到挑战到为了维持等级制度和现状而不愿晃动船只，简直五花八门。但是，只有被推到极限边缘，才有可能将嘴巴张到最大。例如，一些老牌大公司正在与尚未呈现漠视态度的初创企业合作。鲨鱼喜欢这个深度，因为它们可以悄无声息地移动（而且你无法防御自己看不见的行动）。

警告：在最深层，一切皆有可能。然而，要准备好迎接存在于公司内外的心理障碍，因为人们仍然停留在水面上，因此还没有为未来做好准备。

从这三个深度潜入市场，不仅可以发现真实存在的东西，还能训练和拓展直觉。你可以早在某样物体浮出水面之前就对其有充分的了解。例如，商界最好的掠食者每天都会进行模型模拟和练习。潜入深海，将其与水上的活动相结合，就能开发出声呐系统，不仅可以显示当前正在移动的物体，还能预测未来的运动方向。

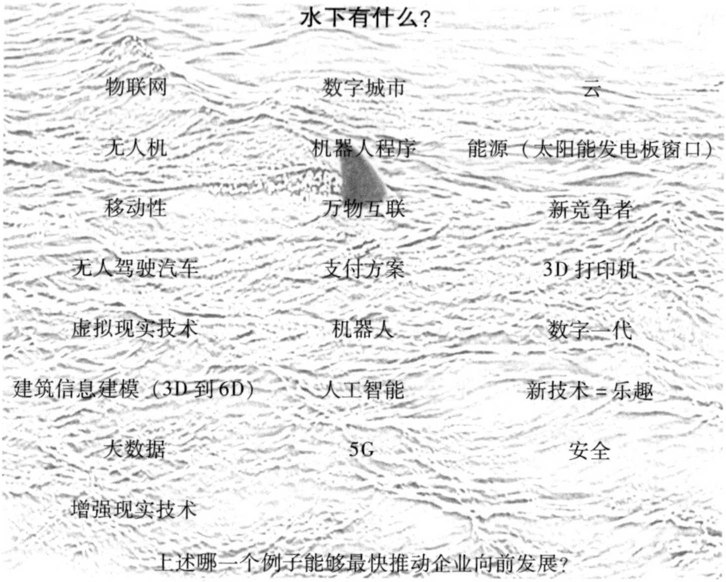

上图是存在于不同深度的发展及变化的例子（请注意，本图并未按照它们出现的深度排名或排序）。可能还会有更多的发展和变化，但是上述这些因素正在或将会影响许多企业的运转。越是善于将这些发展和变化结合起来，就越能在发展业务时咬下大大的一口。

为了找出对变革影响最大的因素，首先要了解是什么让技术或解决方案浮出水面，这一点十分重要。通过对研发部门和董事会的多次采访，我发现这个问题的答案可能比人们想象的要简单。有人认为，在商界，最有用的技术应该是最先浮出水面的技术。这种想法似乎很有逻辑，但事实并非如此！我通过研究发现，最快浮出水面的技术实际上是虚拟现实技术——因为它们很有趣并且容易理解。首席执行官和经理们不需要了解技术发展的过程中到底发生了什么，他们只需要戴上虚拟现实眼镜，就显得既酷又现代，因而能让这项技术更快地浮出水面。也许其他技术和解决方案发挥了更重要的作用（例如，智能城市、能源、环境），但是如果想让你的技术更快地浮出水面，就必须用一个有趣的因素来包装它（科学也是如此）。有趣这个词听起来可能很幼稚，但事实是趣味性也是推动变化的因素。

水面越平静，水下就越活跃。放眼不同的商业领域，你会发现一些看起来很可靠，似乎不可能攻击的市场领导者（如阿迪达斯、彪马和耐克），但在水面之下，总有一些变化隐藏在攻击现状的预期之中。

> “有想法，才有行动。”
>
> ——Gymshark. com

早在 2012 年，十几岁的本·弗朗西斯和一群还在上学的朋友创办了 Gymshark。今天，Gymshark 已经发展成为健身服装和配件品牌。他们以英国为基地，打入全球市场，并得到了社交媒体追随者的支持。小鲨鱼也好，大鲨鱼也罢，只要能够将想法付诸行动，就拥有不可思议的潜力。

潜入 B2B 水域

水面之上看得见的部分是满载的游轮，消费者在甲板上翩翩起舞，水面之下则是企业之间为赢得造船合同（10 亿美元的市场）而展开的激烈竞争。就让我们潜入舞池下面看一看吧。

我们在谈论能见度时，往往指的是企业对消费者（B2C）的市场，但是在企业对企业（B2B）市场中，更大型的猎物（不是数量，而是规模）的潜力更大。B2B 公司可能会投入更多资源进行攻击，因为他们可以从中获得更大的收益。水面之上可见的部分是游轮业。这个行业十分稳定，全球有大约 200 艘游轮，分别由嘉年华集团、皇家加勒比、挪威游轮公司和地中海游轮等少数几家公司负责运营。为了看到变化，我们必须潜入水下。建造此类型船只需要耗费数年时间，船只的造价约为 10 亿美元，最大载客量为 10000 人。如果为了发现变化，潜得更深一些，我们就必须聚焦世界上有实力建造这些船只的几家造船厂：德国迈尔造船厂、芬兰迈耶图尔库、意大利泛安科纳造船公司、德国 MV Werften 集团、意大利马利奥蒂造船厂和中国上海外高桥造船厂等。

假设你是游轮造船厂的供应商，你必须知道三个深度的水域中都发生了什么。江森自控就是这样的供应商，他们需要在参加展览、翻阅海洋杂志和召开董事会之前知道那里发生了什么。

水面之下，需求正在不可思议地阶段增长。消费者想看看神奇的大自然中还有什么（比如马达加斯加和加拉帕戈斯群岛）。然而，这些游轮的大小和建造方式（对环境不够友好）使其无法靠近这些天堂般的圣地。

如果我们咬进三个深度层会怎样？通过对这三个深度的调查，你可以预测到像维珍游轮这样大胆的鲨鱼可以进入这一市场并且抓住这个机会。① 理查德·布兰森的猎食场将会使消费者的需求日益增长，他们想去其他游轮无法到达的地方。这将是布兰森的典型举措，既做第一个吃螃蟹的人，又不失环保之心。通过预测，像约翰逊建筑公司这样的供应商就可以通过与布兰森公司合作来撼动游轮行业，从而在竞争中脱颖而出。

如果每艘船只的造价高达 10 亿美元，只要建造的船只数量不多，它就仍然是利基市场。但是，如果船只的数量不断增加，市场逐渐扩大，就将引来更多的鲨鱼（来自其他行业的公司希望为日益增长的价值十亿美元的游轮市场供货）。

① Virgin. com. Quote：Article：We're excited to announce the formation of Virgin Cruises, a brand new cruise liner business that will make waves in the industry (December 4, 2014) . https：// www. virgin. com/news/introducing – virgin – cruises.

“行业规模越大，竞争就越激烈（不断会有新企业加入其中）。”

——弗雷德里克·诺尔邦，

江森自控分公司经理（2019 年采访）

在一个不断增长的市场中，找到可以攻击的区域很有价值。由于缺乏竞争，这种利基市场往往利润丰厚。

04 鲨鱼经济学管理工具

我们需要集中精力增强进攻和防御的能力。这个模型旨在帮助你了解自己现在所处的位置以及明天应在的位置。它还能帮助你认识到竞争对手身在何处以及他们在进攻和防御上的优劣势。

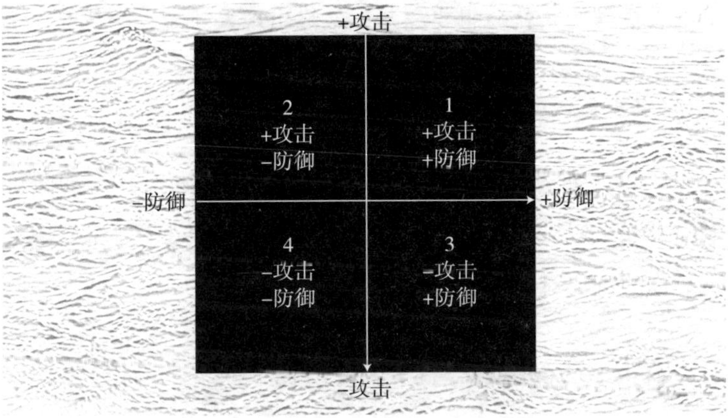

就该模型而言，你正在努力进入 1 号区域（进攻和防御能力都很强）。出人意料的是，我曾在工作坊中听到一些公司说他们处于 4 号区域（进攻和防御能力都很弱）。这个区域最危险——同类相残的行为会在这里生根发芽（竞争对手是自己）。导致这种情况出现的原因有很多：部门之间互不通气，不同的预算导致共同利益发生冲突，领导力薄弱等。如果仔细观察，你就会发现，即便是像微软这样的大公司也有一部分落在4号区域——仅仅是因为他们觉得自己承担得起这种损失。然而，如果你错失了像智能手机这样的业务（微软曾于2013年斥巨资收购诺基亚的手机业务，因为这项完全失败的交易，它失去了智能手机市场），从长远来看，这并非明智之举，因为犯下如此大错的公司很容易受到攻击。

如果处于1号区域，你就会发现业内最优秀的人都想为你工作——每个人都想为胜利者工作。但是如果处于4号区域，手下最优秀的人就会想要离开，最终出现人才流失的状况。

问题

你的公司/组织处于该模型的哪个区域？它的攻击和防御能力是强是弱？微软、脸书、阿里巴巴或福特处于哪个区域？

你的竞争对手处于什么位置？

攻击与防御策略：我个人的最爱

根据具体情况，综合运用十种鲨鱼经济学策略的不同部分往往是最佳做法。就我个人而言，我喜欢狠狠咬住盲点。为什么？因为只有痛苦才能让领导者倾听并迅速了解到在当今高度竞争的现实世界中，拒绝改变是行不通的。

05 ???

为什么会出现一串问号？如果为意想不到的事情留足空间，它就更有可能发生，而一旦它真正出现，你就已经为采取行动做好了更为充分的准备。既然如此，为什么不试着将问号作为下一份商业计划中的一个标题呢？

不要拒绝改变——你迟早需要做出改变

只要公司行事僵化，故步自封，就很可能无法在变革来临时适应变化。如果企业与员工都怀着不愿接受变化的心态，就会措手不及。鲨鱼喜欢突袭——现今的数字鲨鱼（如亚马逊和阿里巴巴）充分接纳了变化，因此它们正在改变数百万名消费者的生活。

> “今天是明天的原型。”
>
> ——利昂·莱昂博士（Leon Segal），
>
> 创新力（Innovationship）创始人①

---

① Leon Segal：Quoted with permission（E－mail，March 6，2019）.

我们今天所见的一切要么已经过时，要么很快就会过时。我们应将今天视作是创造明日收获的动力。然而，仅仅踏上改变之路还不够，我们还要清楚这条路应该通往何处。

抵制变化无法令你不朽

企业一方面投入金钱与精力抵制变革，另一方面又希望自己可以永远屹立不倒。这种抵制根本不管用。虽然可以令他们感到舒心，却也让他们容易受到攻击。

公司里的所有人都避而不谈。人人都知道他们需要做出改变，但无论出于什么原因，人们都无法公开讨论这个问题。银行、金融、建筑、时尚、酒店、音乐、娱乐等行业都曾经历过原地踏步带来的痛苦——它们遭到了来自数字世界的挑战者的攻击。但是，如果变得僵化、静止，即便是这些来自数字世界的破坏者也会变得容易受到攻击。这本书与我所有的作品一样，旨在让公司认清现实。我的使命就是打破现状，让公司开始朝着积极的方向迈向未来——以免为时过晚。

大自然的结语

安迪·沃霍尔（1928—1987）曾于1968年创造了“15分

钟名气”① 这一金句。此外，在 2007 年上映的电影《最后一刻》（*The Eleventh Hour*）中，科学家们象征性地将地球的生命浓缩为 24 小时。在这 24 小时中，人类仅仅出现了 15 分钟。

我们是地球上一个十分年轻的物种，因此可以从已经存在了 4.2 亿多年的鲨鱼身上学到很多东西。如果海洋中的顶级掠食者大白鲨在我们（“15 分钟物种”）手中灭绝，作为一个物种，我们的寿命也许不会超过 16 分钟。

伦纳德·孔波诺（Leonard Compagno）、乔治·伯吉斯（George Burgess）、克里斯和莫尼克·法洛斯（Chris and Monique Fallows）、迈克尔·鲁曾（Michael Rutzen）、理查德·埃利斯（Richard Ellis）、安德烈·哈特曼（Andre Hartman）以及罗恩和瓦莱丽·泰勒（Ron and Valerie Taylor）等大白鲨专家正在改变人们对鲨鱼的看法。我也希望能够通过《鲨鱼经济学 2》改变我们向这种生物学习的态度。我的目标读者是那些拥有足够的资金改变行事之道的商界精英。

我能否取得成功取决于你们，但可以肯定的是，我从这种令人兴奋的生物身上学到的东西比我从人类身上学到的要多。

---

① 指某个人或现象在媒体上制造的短暂的宣传效果或知名度，也可称为“转瞬即逝的名气”。（译者注）

致 谢

特别感谢我的出版商马歇尔·卡文迪什国际出版公司。感谢我的英雄刘政雄（Martin Liu）；我的超级导师克拉斯·安迪森（Claes Andréasson）和我的家人（包括宇宙中的一切）。感谢照顾着我的背鳍并在生活和创作中给予我支持的女友。感谢我的诵读困难症。感谢鲨鱼研究专家伦纳德·孔波诺（Leonard Compagno）、乔治·伯吉斯（George Burgess）、克里斯和莫尼克·法洛斯（Chris and Monique Fallows）、迈克尔·鲁曾（Rutzen）、理查德·埃利斯（Richard Ellis）、安德烈·哈特曼（Andre Hartman）以及罗恩和瓦莱丽·泰勒（Ron and Valerie Taylor）。感谢彼得·本奇利（Peter Benchley）。

感谢我为撰写本书而采访过的每一个人：史蒂文·斯皮尔伯格（Steven Spielberg）、罗伊·施奈德（Roy Scheider）、洛兰·加里（Lorraine Gary）、山姆·昆特（Sam Quint）、埃曼纽尔·罗森（Emanuel Rosen）、卡伊·阿诺（Kaj Arnö）、迈克尔·沃尔夫（Michael Wolf）、汤姆·塔韦纽斯（Thom Thavenius）、保罗·霍尔曼（Paul Holman）和佩卡·波哈卡里洛（Pekka Pohjakallio）。

感谢菲利普·科特勒（Philip Kotler）、布莱恩·索利斯（Brian Solis）、艾瑞克·霍克斯塔德（Eirik Hokstad）、马丁·

戴诺夫（Martin Deinoff）、弗雷德里克·诺尔邦（Fredrik Norrbom）、特伦斯·达德利（Terence Dudley）、耶斯珀·埃克（Jesper Ek）、玛丽安·埃里克森（Mariann Eriksson）、汤姆·阿萨克尔（Tom Asacker）、马格纳斯·克龙（Magnus Kroon）、卡列·斯约内尔（Calle Sjoenell）、凯文·莱恩·凯勒（Kevin Lane Keller）、艾伦·格雷格曼（Alan Gregerman）、夏洛特·维克（Charlotte Wik）、让·法格（Jan Fager）、卡洛斯·维拉德瓦尔·帕索拉（Carlos Viladevall Passola）、卡尔·瓦鲁斯（Carl Wåreus）、科尔文·哈里斯（Colvyn Harris）、马诺杰·阿拉文达克珊（Manoj Aravindakshan）、扬·莫尚（Yann Mauchamp）、米凯尔·达伦（Micael Dahlén）、大卫·马格连诺（David Magliano）、阿尔夫·雷恩（Alf Rehn）、利特瓦·汉斯基—皮特卡科斯基（RitvaHanski – Pitkäkoski）、斯蒂芬·布朗（Stephen Brown）、尼尔根·卡尔森（Nilgun Carlson）、詹妮·纳瑟隆（Jenny Näslund）、吉斯勒·杜兰德（Gisle Dueland）、艾弗德·古姆森（Evert Gummesson）、阿克兰·拉福尔（Akram Raffoul）、德里克·戴（Derrick Daye）、让·莫滕·德朗日（Jan Morten Drange）、利昂·西格尔（Leon Segal）、马丁·林德斯考格（Martin Lindeskog）、强尼·摩尔（Johnnie Moore）、甄爵恩（Jack Yan）、阿米·哈桑路（Ami Hasan）、路易斯—丹尼尔·阿利西亚（Luis – Daniel Alegria）以及安娜·索比（Anna Söby）。

感谢塞斯·戈丁（Seth Godin）、詹吉·瓦赫（Jörgen Wahl）、佩尔·尼尔森（Per Nilsson）、乔纳斯·尼尔森（Jonas Nilsson）、谢尔盖（Sergej）、卡琳·巴夫·阿尔曼（Carin Balfe Arbman）、马丁·林德斯考格（Martin Lindeskog）、托马斯·科威尔（Thomas Klamell）、罗兰·威廉姆斯（Roland Williams）、潘·拉格尔（Pär Lager）、西尔维娅·尼林（Sylvia Nylin）、安德斯·埃里克森（Anders Ericson）、布格（Bugge）、佩尔·罗斯瓦尔（Per Rosvall）、皮雅·戈恩·布里凯尔（Pia Grahn Brikell）、戛纳·利翁（Cannes Lions）、梅西·奥尔森（Merci Olsson）、乌尔夫·卡尔森（Ulf Carlson）、达拉斯（Dallas）、埃里克·达尔伯格（Erik Dahlberg）、本特·约翰松（Bengt Jönsson）、玛利亚·弗瑟森（Maria Forssén）、安娜·卡拉乔亚（Anna Caracolias）、赫德·兰伯格（Huldt Ramberg's）、格雷格曼（Gregerman's）、Björkholtz's、彼得罗维奇（Petrovski's）、瑟德（Söder's）、OnTime、Strålfors、Binero、Reffekt。

尤其感谢大自然赐予我们的馈赠以及她赋予大白鲨的天性。

最重要的是，我要感谢你们抽时间阅读这本书。

《鲨鱼经济学》收获的赞誉

“斯蒂芬·安吉瑟斯在《鲨鱼经济学》中狠狠咬住了管理学的未来。”

——丹尼尔·平克（Daniel Pink），

《见机：完美时机的科学秘密》（*When: The Scientific Secrets of Perfect Timing*）作者

“《鲨鱼经济学》敏锐洞察了在当今具有颠覆性的商界取得成功的驱动因素。”

——马歇尔·戈德史密斯（Marshall Goldsmith），

《纽约时报》畅销书作家、同时入选 *Thinkers* 50（全球最具影响力的50大管理思想家）和 *World's #1 Leadership Thinker*（世界顶级领导思想家）

“我常常听人谈论跳出固有框架。读完《鲨鱼经济学》之后，我就有证据证明斯蒂芬·安吉瑟斯是我一生中遇到过的真正能够跳出固有框架思考和生活的人！”

——艾彼得·阿内尔（iPeter Ahnell），

挪威银行金融科技解决方案

“与IT安全部门合作，就像是时刻在与鲨鱼共舞。”

——弗雷德里克·福斯隆德（Fredrik Forslund），

Blancco科技集团副总裁

“斯蒂芬·安吉瑟斯的《鲨鱼经济学》是鲨鱼眼中的鲜血，猎物周围的钢笼。”

——戴维·查隆（David Charron），
加州大学伯克利分校哈斯商学院教授

“《鲨鱼经济学》真是一本该死的好书。”

——盖伊·克拉珀顿（Guy Clapperton），
作家、社交媒体专家

“由于新技术的出现与数字技术的进步，《鲨鱼经济学》是在音乐行业实现适应与发展的有效工具。”

——特伦斯·达德利（Terence Q. Dudley），
昆汀娱乐公司总裁

“《鲨鱼经济学》展示了如何通过战略途径令竞争对手措手不及，最终领跑市场。当今以及未来的领导人都希望了解，将注意力集中在何处才能建立并扩大一个快速发展的持久组织。对他们而言，这是一本不可多得的好书。”

——特蕾丝·格达（Therése Gedda），
30minMBA 创办人兼首席执行官，主旨演说家

“斯蒂芬不仅使用了‘鲨鱼’这一比喻，而且真正在鲨鱼出没的海域游泳，体会生死一线的感受。他描述了鲨鱼的攻击策略，也对目标受害者表现出了充分的尊重，告诉他们应该如何自保。读起来很刺激的一本书!”

——菲利普·科特勒（Philip Kotler），
西北大学凯洛格管理学院国际市场学S·C·强生荣誉教授

“也许你正在与鲨鱼共游，但却对此毫无察觉。斯蒂芬就是你的向导，他不仅能够帮助你在‘鲨鱼经济’中存活下来，而且可以助你在这些危机四伏的经济水域中蓬勃发展。”

——布莱恩·索利斯（Brian Solis），
《互联网思维：传统商业的终结与重塑》（The End of Business As Usual）与《互动》（Engage!）作者

“斯蒂芬·安吉瑟斯再次抓住了重点。寂静无声的水域和波澜不惊的市场才最危险。我们只有先发制人，才能生存下来。”

——利特瓦·汉斯基—皮特卡科斯基（Ritva Hanski Pitkäkoski），
芬兰广告商协会主席兼首席执行官

“这本书牙尖嘴利，却又诙谐活泼。我极力推荐大家咬一口试试。”

——斯蒂芬·布朗（Stephen Brown），
阿尔斯特大学市场研究学教授

"斯蒂芬·安吉瑟斯既残酷无情，又令人鼓舞。《鲨鱼经济学》绝对能够晃动你的船。或是将它撞沉！"

——让·莫滕·德朗日（Jan Morten Drange），
挪威广告商协会首席执行官

"那里完全就是战场；大量'战略''战术''攻击计划'……《鲨鱼经济学》不谈适者生存，而是旨在帮助那些既有市井间的狡猾之心，又充满想象力和创造力的'不适者'生存下来。"

——尼尔根·卡尔森（Nilgun Carlson），
欧瑞莲化妆品公司高级公关经理

"在这本书中，斯蒂芬潜入深海，对自然界天然的狩猎方式与当今的商业环境进行了比较。他再度提出了一种看待市场和竞争对手的新方法；只有勇于狩猎，才能保住业界市场领导者的宝座。"

——詹妮·纳瑟隆（Jenny Näslund），
MTV Networks 瑞典喜剧中心频道市场经理

"是时候该有人将有关竞争战略的思想带入 21 世纪了。斯蒂芬·安吉瑟斯总能就企业应该如何创建持久业务这一问题提出令人惊喜的新角度。"

——卡尔·瓦鲁斯（Carl Wåreus），
谷歌瑞典代理负责人

“对于任何需要与市场领导者及其竞争对手打交道的广告从业者来说，《鲨鱼经济学》就是不可多得的随身宝典。”

——卡列·斯约内尔（Calle Sjoenell），
百比赫广告公司副首席创意官

“抓住海浪高涨的时机，踏着《鲨鱼经济学》在社交网络上冲浪！斯蒂芬·安吉瑟斯的这本书自己就能冲上浪尖，潜入深海。”

——马丁·林德斯考格（Martin Lindeskog），
博主、社交媒体传播者

“实在是精彩——将鲨鱼在数百万年间的进化结果应用在了商界。《鲨鱼经济学》能够发觉人的本能，产生大量高度冲动的行为——不过仅限于本书的读者。”

——吉斯勒·杜兰德（Gisle Dueland），
土耳其航空市场经理

“斯蒂芬·安吉瑟斯以数百年的自然史为基础，提出了一个完全原创的观点来解决由来已久的问题。它一定会挑战你对市场竞争的看法，给予你启发。”

——凯文·莱恩·凯勒（Kevin Lane Keller），
达特茅斯塔克商学院市场学教授

“《鲨鱼经济学》为你提供了适当的工具，让你能够根据自己在商海中所处的位置发动攻击、保住性命。绝对是一本令人觉得惊心动魄的绝妙好书。”

——耶斯珀·埃克（Jesper Ek），
瑞士罗氏外联部主管

“斯蒂芬·安吉瑟斯总能给人带来惊喜。这一次，他运用自己的逻辑，从大自然中汲取灵感，提出了一个简单却又深刻的问题：‘鲨鱼究竟是如何从数百万年前一直生存至今的?’一本长着牙齿、拥有珍珠般闪耀智慧的商业书籍应运而生。”

——甄爵恩（Jack Yan），
甄爵恩及合伙人事务所首席执行官、梅迪纳集团首席执行官

“有一点可以肯定。如果无法保持前进的步伐，不断向前发展，企业就会葬身海底。”

——玛丽安·埃里克森（Mariann Eriksson），
世界自然基金会市场总监

“斯蒂芬·安吉瑟斯在《鲨鱼经济学》中与思想领袖们分享了他的战略工具，告诉他们如何在满是鲨鱼的环境中发起攻击、捍卫自己的业务。”

——路易斯·丹尼尔·阿利西亚（Luis－Daniel Alegria），
——CVC CORP 数字产品总监

“市场领导者要当心了，你的统治已成历史。”

——科尔文·哈里斯（Colvyn Harris），
智威汤逊广告印度公司首席执行官

“《鲨鱼经济学》将激励零售业进入新的猎食场。”

——马格纳斯·克龙（Magnus Kroon），
瑞典贸易联合会业务发展总监

“他又做到了！斯蒂芬·安吉瑟斯向我们展示了他传达商业成功要素的本领。”

——艾弗德·古姆森（Evert Gummesson），
斯德哥尔摩大学市场学教授

“斯蒂芬·安吉瑟斯一向具有前瞻性，他的新书直指商业竞争。特别推荐鲨鱼（及其猎物）阅读。”

——强尼·摩尔（Johnnie Moore），
作家、博主、顾问

“斯蒂芬·安吉瑟斯是一位营销思想家，也是一位出类拔萃的企业家。”

——阿米·哈桑路（Ami Hasan），
哈桑路合伙事务所创始人兼董事长

“《鲨鱼经济学》向我们展现了源自致命鲨鱼的商业上的真知灼见。”

——马诺杰·阿拉文达克珊（Manoj Aravindakshan），
On Target Media 董事总经理

“斯蒂芬·安吉瑟斯跃入水中与鲨鱼共游，让我们可以睁开眼睛，寻找盲区，向市场发起进攻。”

——阿克兰·拉福尔（Akram Raffoul），
Jacobsons Direct 执行董事

推荐读物

Chris Anderson. *Free* (Hyperion, 2010).

Chris Anderson. *The Long Tail* (Hyperion, 2006).

Peter Benchley. *Jaws* (Andre Deutsch, 1974).

Jim Collins. *How the Mighty Fall: And Why Some Companies Never Givein* (Random House, 2009).

Richard Ellis & John McCosker. *Great White Shark* (StanfordUniversity Press, 1995).

Malcolm Gladwell. *The Tipping Point* (Back Bay Books, 2002).

Yuval Noah Harari. *Sapiens: A Brief History of Humankind* (Harper, 2018).

Huffingtonpost. com. "Using a Fan Base to Build Your Own – HowBrands Can Become the New Nike."

Jaws. Movie directed by Steven Spielberg (1975).

Guy Kawasaki. *Enchantment* (Portfolio, 2011).

Guy Kawasaki. Lecture at Gulltaggen (April 27 – 29, 2010).

A. Pete Klimley. *The Secret Life of Sharks* (Simon & Schuster, 2007).

Steven D. Levitt & Stephen J. Dubner. *Freakonomics* (William Morrow, 2009).

Emanuel Rosen. *The Anatomy of Buzz* (Crown Business, 2009).

Emanuel Rosen. Interview (October 11, 2009).

Simon Sinek. "How To Innovate Like A Shark" (startwithwhy. com, August 2012).

Brian Solis. *Engage* (Wiley, 2011).

Brian Solis. Interview and lecture at World Public Relations Forum (June 13, 2010).

Max Tegmark. *Life* 3.0: *Being Human in the Age of ArtificialIntelligence* (*Knopf*, 2017).